江苏高校品牌专业建设工程资助项目(TAPP)

苏州电子商务发展报告
(2014—2015)

陈福明　等　编著

苏州大学出版社

图书在版编目(CIP)数据

苏州电子商务发展报告,2014—2015 / 陈福明等编著
.—苏州:苏州大学出版社,2016.6
 ISBN 978-7-5672-1752-2

Ⅰ.①苏… Ⅱ.①陈… Ⅲ.①电子商务-研究报告-苏州市-2014-2015 Ⅳ.①F724.6

中国版本图书馆 CIP 数据核字(2016)第 132277 号

苏州电子商务发展报告(2014—2015)
陈福明 等 编著
责任编辑 巫 洁

苏州大学出版社出版发行
(地址:苏州市十梓街1号 邮编:215006)
宜兴市盛世文化印刷有限公司印装
(地址:宜兴市万石镇南漕河滨路58号 邮编:214217)

开本 700 mm×1 000 mm 1/16 印张 13 字数 161 千
2016 年 6 月第 1 版 2016 年 6 月第 1 次印刷
ISBN 978-7-5672-1752-2 定价:38.00 元

苏州大学版图书若有印装错误,本社负责调换
苏州大学出版社营销部 电话:0512-65225020
苏州大学出版社网址 http://www.sudapress.com

编撰委员会名单

主　　任：陈福明
副 主 任：盛立强　冯俊龙　徐金龙
委　　员：张志萍　凌守兴　刘　桓
　　　　　杨大蓉　许应楠　高志坚
　　　　　薛　瑾

序

　　目前我国电子商务发展迅速,不仅创造了新的消费需求,引发了新一轮投资热潮,而且最大限度释放了各类市场主体的创业创新活力,为大众创业、万众创新提供了新空间。国家也高度重视电子商务行业发展,一方面提出了"互联网+"行动计划,进一步扩大电子商务发展空间;另一方面出台了一系列的电子商务相关政策,大力推动电子商务在企业、跨境、农村等各个领域的应用,旨在加快电子商务发展,进一步发挥电子商务在培育经济新动力、打造"双引擎"、实现"双目标"等方面的重要作用。

　　近年来,在市委、市政府的直接关心和具体指导下,苏州市各地紧紧抓住创建"国家电子商务示范城市"的有利契机,依托先进的制造业、发达的开放型经济和繁荣的商贸流通业,充分发挥政府和企业的两个积极性,积极推动电子商务在苏州各领域的广泛应用,取得了突出成效。目前苏州已成为新一批跨境电商综合试验区,随着综合试验区的启动和相关实施方案的发布,苏州正迎来跨境电商发展的"黄金期"。国务院副总理汪洋两次来苏州调研外贸工作,也提出要抓好跨境电商发展等机遇,培育新的发展动能。另外,苏州目前开展B2B、B2C和C2C业务的企业达到20多万家,2015年全年电子商务交易额突破7000亿元,比上年增长40%,全市电子商务呈现蓬勃发展态势。

　　虽然苏州电子商务发展迅速,但与国家赋予其在经济社会全面转型时期中的战略地位和作用相比还存在一定的差距。在新一轮的发展机遇面前，苏州市政府有必要对电子商务发展情况摸清家底、认清问题、抢抓机遇、迎难而上。为此，苏州市政府组织编写《苏州电子商务发展报告（2014—2015）》，由苏州市商务局牵头，苏州电子商务协会、苏州经贸职业技术学院、苏州电子商务研发中心承担编写任务。《苏州电子商务发展报告（2014—2015）》一共分为六部分，各部分结构紧凑合理，联系紧密，前后呼应。该报告在对苏州"四市六区"电子商务发展现状调研基础上，对苏州电子商务总体情况以及"四市六区"的各自情况进行了深入分析和总结，着重分析了苏州电子商务发展取得的成效以及存在的不足，结合苏州电子商务发展面临的机遇与挑战，从电子商务发展环境、支撑体系、应用水平、产业规模、人才结构等方面，提出苏州电子商务发展对策与建议。

苏州电子商务的发展与政府的大力扶持政策是密不可分的，政府是电子商务的管理者，需要为电子商务的发展营造一个良好的环境，其中适宜的政策环境至关重要。总览全报告，其重要的意义在于对苏州电子商务总体情况进行了详细并深入的梳理和总结，能够为苏州市电子商务发展"十三五"规划以及未来电子商务相关政策的制定提供强有力的借鉴和指导。

在后续工作中，苏州市政府需要每年对电子商务发展情况进行摸底，并发布一本《苏州电子商务发展报告》，使之成为一种常态化的工作。

苏州市商务局副局长、党组副书记
2016 年 5 月

前　言

　　苏州市2015年GDP达到1.44万亿元,环比增长了7.5%,在全国主要城市中排名第7。一直以外向型经济为主的苏州经济正在进行着产业升级和转向,争夺潜力巨大的国内市场是政府、企业乃至各行各业共同面临的重大问题。电子商务作为一种新型商务模式,为社会经济发展提供了新的原动力,为传统产业的发展带来了生机及活力,也为城市之间经济实力的竞争提供了巨大竞争力。电子商务在推动经济增长方式转变、产业结构调整与优化等方面具有重大的作用。据调查的情况来看,尽管苏州市辖县级市有3个(昆山市、常熟市、太仓市)在全国百强县中排名前10,但苏州市大市范围的电商发展情况与领先的城市有一定的差距,采用发展指数来比较,苏州市在全国主要城市排名第10,指数值相比排名第1的深圳差距较大。

　　为了鼓励、促进电子商务行业的发展,提升苏州市社会经济整体竞争力,市政府相继出台了一系列的优惠政策。在"互联网+"的大环境下,这些正在执行的政策效果如何、政策未来是否需要调整及如何调整,要对这些做出正确的判断,需要有从整体上反映苏州市电子商务行业当前发展态势的信息支撑。各行业经营主体的企业在实施电子商务过程中在方向选择、策略应用、具体操作等环节同样需要指引。基于以上需要,由苏州市商务局主持,苏州市电子商务协会与苏州市电子商务研究中心共同实施,在大量调研的基础上收集原始资料,汇集电子商务专业人士的意见,经过汇总、综合,编写了本报告。

目　录

第一章　苏州电子商务总体情况 ………………… 001
　第一节　苏州经济发展概况 ……………………… 001
　第二节　苏州电子商务发展概况 ………………… 003
　第三节　所辖市（区）电子商务发展情况 ……… 014

第二章　苏州电子商务发展成效与不足 ………… 051
　第一节　苏州电子商务发展成效显著 …………… 051
　第二节　苏州电子商务发展存在问题分析 ……… 083

第三章　苏州电子商务发展面临的机遇与挑战 … 091
　第一节　机　遇 …………………………………… 091
　第二节　挑　战 …………………………………… 106

第四章　苏州电子商务发展对策与建议 ………… 116
　第一节　指导思想与基本原则 …………………… 116
　第二节　发展思路 ………………………………… 118
　第三节　对策与建议 ……………………………… 124

附件一　苏州部分优秀电商载体与企业展示 …… 151
　一、产业园 ………………………………………… 151

二、平　台 ………………………………………… 157
三、企　业 ………………………………………… 163

附件二　苏州市政府促进电子商务发展的部分政策举措
……………………………………………………… 170
一、《关于促进电子商务加快发展的政策意见》…… 170
二、《昆山市关于进一步促进服务业发展的若干意见
（试行）》………………………………………… 173
三、《太仓市商务发展专项引导资金使用管理办法》
……………………………………………………… 180
四、《〈关于促进吴中商务转型升级的若干意见〉的
实施细则》……………………………………… 188

参考文献 ………………………………………… 192

后记 ……………………………………………… 195

第一章 苏州电子商务总体情况

第一节 苏州经济发展概况

苏州市经济总体运行平稳。2015年全市实现地区生产总值约1.45万亿元,按可比价计算比上年增长7.5%。年末全市常住人口约1061.60万人,其中城镇人口794.08万人。人均地区生产总值(按常住人口计算)约13.63万元,按年平均汇率折算超过2.1万美元。全年实现地方公共财政预算收入1560.8亿元,比上年增长8.1%。就业总量保持平稳,就业结构持续优化,就业质量逐步提高。苏州籍高校毕业生就业率达到98.6%。全年免费城乡劳动者职业技能培训5万人。推进大众创业、万众创新,累计建成各类创业基地235家,孵化面积超过520万平方米。

苏州城乡居民收入平稳增长,全体常住居民人均可支配收入4.3万元,比上年增长8.2%。2015年全年实现服务业增加值7170亿元,比上年增长9%,产业结构不断优化,形成"三二一"发展格局。苏州市场消费稳定增长,全年实现社会消费品零售总额4424.8亿元,比上年增长9.0%。其中批发和零售业零售额3887.2亿元,增长8.6%;住宿和餐饮业零售额537.6亿元,增长11.8%。据统计,截至2015年年末,全市拥有商品交易市场589个,其中亿元以上市场82个,实现成交额5850亿元,比上年增长2.0%。全市拥有国家级特色(著名)商业街17条。新型商业模式迅猛发展。全年电子商务交易额突破7000亿元,比上年增长40%。限额以上批发和零售业实现互联网零售额比上年增长18.0%。

2015年苏州全市市场主体活力增强。商事制度改革深入推进,在全省率先实施"三证合一""一照一码"和"全程电子化"登记。全年新设立各类市场主体16.7万户,比上年增长16.0%。与此同时,农业生产保持稳定,城乡一体化发展深化提质。年末全市农村各类合作组织4535家,持股农户比例超过96%。农村集体经济总资产1610亿元,村均年稳定性收入776万元,均比上年增长8.1%。全市167个村完成农村承包土地确权登记颁证工作。

在开放型经济发展方面,2015年苏州对外贸易规模保持稳定,"走出去"步伐加快。苏州外贸结构进一步优化,全市服务外包接包合同额119.3亿美元,离岸执行额62.5亿美元,分别比上年增长14.9%和14.0%。全市服务贸易规模达到125亿美元。全年新批境外投资项目中方协议投资额20.5亿美元,比上年增长20.4%。其中第三产业项目中方协议投资额12.6亿美元,占61.5%。

苏州市开发区经济转型提速。其中苏州工业园区在2015年获批全国首个开放创新综合试验区。常熟高新技术产业开发区升格为国家级,全市国家级开发区升至14个;常熟、吴江、吴中3个出口加工区转型为综合保税区,全市综保区(保税港区)数量增至8个;苏州工业园区综保区贸易功能区通过验收,内外贸一体化发展加速推进;张家港保税区获批开展国家企业外债宏观审慎管理试点。

第二节 苏州电子商务发展概况

近年来,在市委、市政府的正确领导下,在市政协的关心支持下,苏州市政府不断强化全市电子商务工作部署,加快健全发展促进机制,积极创新工作思路举措,全市电子商务呈现蓬勃发展态势。据统计,2014年全市电子商务交易额超过5000亿元,同比增长40%以上,其中网络零售总额达到539亿元,相当于全市社会消费品零售总额的13.3%;2015年全市电子商务交易额突破7000亿元,比上年增长40%,限额以上批发和零售业实现互联网零售额比上年增长18.0%。中国商业联合会、中华全国商业信息中心统计数据显示,苏州位列2014年度中国电子商务经营百强城市第9位,在阿里研究院发布的《2014年中国电子商务示范城市发展指数报告》中排名全国第10。

一、发展环境

一是政策环境优化。苏州市的电子商务扶持政策对企业应用电子商务、电商企业规模提升、建设电子商务平台、电子商务示范创建、跨境电子商务发展五大方向予以资金扶持,通过政策的导向作用,苏州市电子商务发展的政策环境进一步优化,将助推苏州全市电子商务产业持续、健康、快速发展。

二是行业氛围优化。在商务部、工信部的指导下,苏州市与中国互联网协会、中国台湾资讯工业策进会等单位共同举办了电子商务产业合作及交流会议,大会吸引了来自腾讯、京东、顺丰、1号店、唯品会、Yahoo奇摩、台湾大哥大、91mai等100多家大陆和台湾地区电子商务企业的500多名代表参加。会议加深了苏州市电子商务从业人员的交流,扩大了电子商务的影响,营造了电子商务发展的良好氛围。

三是电子商务物流体系更加完善。苏州市电子商务的物流协同水平进一步提升,苏州市快递物流业愈加发达,各大快递公司均实现全市无死角配送。昆山市的苏州门对门购物配送有限公司(Suzhou Door to Door Commercial Delivery CO,. Ltd.,简称D2D)是江苏省唯一一个总部在省内的快递企业,专注为电视购物、网络购物等客户提供高价值商品的配送、货到付款业务以及售后、仓储、物流等相关业务,现有配送队伍1000人左右,日处理订单5万单以上,配送网络覆盖江苏、上海全境,合作伙伴包括好享购物、唯品会、京东商城、亚马逊等。

四是政府先行先试重大突破。苏州市在深化两岸产业合作试验区部省际联席会议第二次会议上,明确在昆山开展两岸电子商务合作试点,并在国家发改委、国台办、商务部等部委的指导下建设海峡两岸电子商务经济合作试验区,旨在改革创新,探索放开政策限制,吸引台资企业进入大陆发展电子商务,进一步密切两岸经贸往来,推动实现两岸电子商务信息流、物流、资金流的"新三通",以及市场准入放开、经营主体互认、商品质量和标准互认、消费者权益互认的"一放三互认"。

2011—2012年,苏州市在全省率先出台了《关于加快苏州电子商务发展的意见》《苏州市电子商务"十二五"发展规划》和《关于促进电子商务发展的若干政策意见》。今年我们提请市政府出台了《关于促进电子商务加快发展的政策意见》,新一轮政策扶持的范围、内容、力度都有较大的拓展和增强,如表1-1所示。全市各地都相继成立了电子商务协会,如表1-2所示,出台了促进电子商务加快发展的扶持政策,电商发展环境得到不断优化和提升。

表1-1 苏州市促进电子商务发展相关政策举措一览表

发文日期	政策内容	发文编号
2011年8月15日	《关于加快苏州电子商务发展的意见》	苏府〔2011〕163号
2012年12月7日	《关于促进电子商务发展的若干政策意见》	苏府〔2012〕236号
2012年12月18日	《苏州市电子商务"十二五"发展规划》	苏府〔2012〕267号
2015年2月3日	《苏州高新区关于加快电子商务发展的意见》	
2015年3月16日	《关于促进电子商务加快发展的政策意见》	苏府〔2015〕40号
2015年05月07日	《关于同意筹备成立苏州跨境电子商务协会的批复》	商流通〔2015〕323号

表1-2 苏州市及各区电子商务协会一览表

协会名称	成立日期
苏州市电子商务协会	2011年4月2日
苏州市吴中区电子商务协会	2012年9月10日
苏州市吴江区电子商务协会	2012年12月4日
常熟市电子商务协会	2012年10月12日
苏州市工业园区电子商务协会	2013年12月27日
张家港市电子商务协会	2014年9月29日
苏州市相城区电子商务协会	2014年10月10日
太仓市电子商务协会	2014年11月24日
苏州市高新区电子商务协会	2016年1月13日

二、应用领域

一是网络购物快速增长。截至2015年年底共有4万多家企业成功通过阿里巴巴电子商务平台获得贸易机会，贸易额超过650亿人民币，主要有电子制造业、服装、化工、房产、旅游、教育等。淘宝网上的苏州淘宝店铺约有7.5万家，苏州籍卖家数量排到了全国城市前10名。

二是电子商务大型交易市场加快发展。其中吴江东方丝绸市场、张家港化工市场及苏州大宗商品交易中心等电子现期货交易市场，年成交额达约800亿人民币。另外，常熟服装城、张家港第一人民商场也纷纷开展B2C网上商城，成为企业新的销售额增长点。

三是电子商务领军企业逐渐崛起。以蜗牛电子为代表的网络游戏及3D虚拟社区、以同程网为代表的网络旅游市场、以江苏风云软件为代表的SAAS服务、以赛富科技为代表的供应链体系等电子商务产业逐渐涌现出了一批领军企业，呈现出百花齐放的局面。

四是知名企业大力通过第三方平台应用电子商务。一些知名企业也纷纷通过第三方电子商务平台获得了国内外贸易机会，如新海宜、苏钢集团、好孩子集团、旋力集团、国泰国际集团、亨通集团、金龙客车、华伦皮塑、五洋集团、奔集动力、隆力奇集团、法泰电器、小羚羊电动车、丰立集团、恒丰进出口有限公司、中设（苏州）机械设备等，通过成功应用电子商务，形成了企业经济新的增长模式。

五是特色电子商务发展迅速。虎丘婚纱市场是全国范围内最为有名的婚纱市场。从最初只做店堂生意，到眼下"走出国门"主接外贸订单，靠的就是网络。市场内的各家婚纱店除了拥有自己的网站，还会定期通过阿里巴巴、中国制造网、诚商网等平台进行产品推荐，借第三方电子商务平台进军海外市场，出口生意占到总量的八成左右。

苏州企业正不断利用电子商务拓展供应链和国内外贸易，

应用领域越来越宽,应用企业越来越多,在各行业、各领域涌现了一批应用电子商务发展的品牌企业。如传统商业企业(采芝斋、美罗)、制造业企业(科沃斯、好孩子)、地方特色产业(婚纱、大闸蟹)、生鲜农产品行业(江苏随易、常客隆),还有旅游业(同程网、八爪鱼)、外贸行业(龙媒科技、欧瑞思丹)、移动电商(12580),以及房地产销售、拍卖,等等(表1-3)。

表1-3 苏州市典型电子商务行业企业一览表

行业分类	代表企业
传统商业企业	苏州采芝斋食品有限公司
	苏州函数集团有限责任公司(美罗商城)
制造业企业	科沃斯机器人科技(苏州)有限公司
	好孩子集团有限公司
地方特色产业	苏州婚纱行业
	苏州阳澄湖大闸蟹行业
生鲜农产品行业	江苏随易信息科技有限公司
	江苏新合作常客隆连锁超市有限公司
旅游业	同程网络科技股份有限公司
	八爪鱼在线旅游发展有限公司
外贸行业	苏州龙媒信息科技有限公司
	欧瑞思丹网络科技(苏州)有限公司
移动电商	中国移动通信集团江苏有限公司苏州分公司(12580商城)

三、集聚趋势

近年来,全市各地相继规划、建设了一批规范、健康和可持续发展的电子商务产业园,引导企业朝着企业集聚、品牌化提升、规模化扩张的方向发展,从而形成了一批在省内有影响力的产业集群(表1-4)。目前,全市各地正在重点建设培育的电商园超过 30 家。

表 1-4　苏州部分典型电子商务园区一览表

序号	典型电子商务园区名称
1	苏州金枫电子商务产业园
2	苏州国际科技园
3	昆承湖纺织服装电子商务产业园
4	苏州港龙电子商务产业园
5	苏州网商园
6	网谷苏州电子商务产业园
7	苏州跨境电子商务产业园
8	苏州华东地区电子商务产学研孵化基地
9	常熟海虞电子商务产业园
10	常熟广和国际电子商务产业园
11	昆山淀山湖电子商务产业园

建设电子商务产业集聚区是发挥电子商务集聚优势、推动区域协同发展的有效途径。昆山市坚持高起点、高标准、适度超前的原则,规划建设了一批电子商务产业园区,通过完善必要的基础设施,创新公共服务模式,建立电子商务产学研合作机制,加快汇聚优势企业和人、财、物等方面的优势资源,形成了美居客电子商务产业园、神州数码电子商务产业园和昆山开发区电子商务基地等一批有影响力的产业集群。

其中,金枫电子商务园区已被评为国家电子商务示范基地,苏州国际科技园、昆承湖纺织服装电子商务产业园被评为江苏省电子商务示范基地。在苏州市商务局组织开展的电子商务示范创建工作中,涌现出 20 家示范企业、9 家示范基地、4 家示范村(不含国家、省级示范),如表 1-5 所示。

表 1-5　苏州电子商务示范企业、基地、村一览表

地区	示范企业	示范基地(园区)	示范村
张家港市	江苏化工品交易中心有限公司	—	—
	张家港玖隆电子商务有限公司	—	—
常熟市	苏州智尚信息技术有限公司	昆承湖纺织服装电子商务产业园	常熟市虞山镇言里村
太仓市	雅鹿控股股份公司	太仓大学科技园	—
	苏州口水娃食品有限公司	—	—
昆山市	苏州门对门购物配送有限公司	—	张浦镇姜杭村
	江苏明珠家用设备集成有限公司	—	巴城镇东阳澄湖村
	江苏优生活传媒科技股份有限公司	—	—
	好孩子(中国)商贸有限公司	—	—
吴江区	行家商贸(苏州)有限公司	苏州盛峰汇电子商务城	横扇镇北横村
	上海宝尊电子商务有限公司吴江分公司	吴江思源创业园	—
	吴江绸都盛泽电子商务信息有限公司	—	—
吴中区	科沃斯机器人科技(苏州)有限公司	幸福屯跨境电子商务产业园	金庭镇秉常村
	苏州三掌信息科技有限公司	苏州太湖微谷电子商务产业园	香山街道舟山村
	江苏随易信息科技有限公司	苏州金枫电子商务产业园	—
	苏州优尔食品有限公司	—	—

续表

地区	示范企业	示范基地（园区）	示范村
相城区	中纸在线（苏州）电子商务有限公司	阳澄湖数字文化创意产业园	阳澄湖生态休闲旅游度假区清水村
	苏州龙森家具有限公司	—	阳澄湖镇陆巷村
	—	—	阳澄湖镇消泾村
	—	—	太平街道旺巷村
姑苏区	苏州市好屋信息技术有限公司	—	—
	苏州美亚视野信息科技有限公司	—	—
园区	苏州赛富科技有限公司	苏州2.5产业园	—
	苏州世纪飞越网络信息有限公司	苏州国际科技园	—
	同程网络科技股份有限公司	—	—
	八爪鱼在线旅游发展有限公司	—	—
高新区	苏州徽联支付服务有限公司	苏州创业园科技发展有限公司	—
	苏州蓝海彤翔系统科技有限公司	苏州科技城电子商务产业基地	—
	江苏仕德伟网络科技股份有限公司	—	—

以同程网、绸都网、模具网、婚纱网，以及苏州龙媒科技、江苏化工品交易所等为代表的一批行业性站点异军突起，已成为省内乃至国内有一定知名度的网络平台。苏州同程网络科技有限公司自成立到现在仅仅10年，已成为国内最大的旅游电子商务平台之一。

以电子商务为载体，推动线上线下资源协同，形成了苏州市商品市场新的竞争优势,也是苏州电子商务的一大亮点。2014年江苏化工品交易市场实现网上交易964亿元;东方纺织电子交易中心、绸都网分别实现交易额751亿元和150亿元(表1-6)。2014年淘宝网"华东家具产地——苏州馆"在相城蠡口正式上线运营,上线当天首批入驻的20家电商较之前日交易量增长了7倍。

表1-6 苏州交易平台2014年交易额

交易平台	网上交易额(亿元)
江苏化工品交易市场	964
东方纺织电子交易中心	751
绸都网	150

以"食行生鲜""家易乐"为示范,以鲜活农产品在社区的"智慧直投"项目为载体,加快推进集"种植—采摘—分拣—包装—冷链配送"于一体的产业链发展,实现从农产品生产基地到居民餐桌的无缝对接,创新流通模式,方便居民消费,提高农民收入。目前,"食行生鲜""家易乐"在社区单位已设立了近300个鲜活农产品"智慧直投站",其做法和经验在全省得到了推广。常熟市被评为国家首批电子商务进农村综合示范县,相城区被评为江苏省农村电子商务示范县,全市6家电商村被评为省级电子商务示范村,数量居全省前列。

2013年11月,苏州工业园区国际商务区获准开展跨境贸易电子商务服务试点工作,成为江苏跨境电子商务实际运作的首个试点平台。目前出口业务稳步运行,苏宁云商和聚美优品已在园区综保区贸易功能区内全面开展跨境电子商务进口业务,首单进口商品已发货,江苏跨境电商进口首单顺利试通。另外苏州龙媒科技(环球市场华东总部)"苏州内外贸一体化网上销售平台"等一批平台型跨境电子商务企业也在稳步加快发展。

苏州通过加快发展"城市货的"（共同配送）有效解决了电子商务物流最后一千米进社区的难题；通过发展"传化公路港"基本打破了电子商务在城际、乡镇间配送的瓶颈；通过构建"智慧物流"，打造大物流信息平台，这些都为苏州市电子商务发展提供了有力支撑。目前，市区具有一定规模的货运出租车企业2家，日均配送量超过3500吨。苏州传化物流基地每天进出的货运车辆约6000台，高峰时超过12000台。苏州城市共同配送网络、配送技术和配送能力均处于国内前列。

在苏州电子商务零售交易的重要领域——淘宝网平台交易方面，据统计，苏州的淘宝活跃卖家超过25万家，活跃用户超过500万，平台交易额超过1000亿元，各项指标均居江苏前列。根据阿里巴巴电子商务发展指数（aEDI），阿里研究院排名形成2014年中国"电商百佳城市"榜单，苏州网商指数10.703，网购指数19.14，电商发展指数14.922，在全国排名第10，在江苏省排名第1（表1-7）。

表1-7 阿里研究院发布的中国"电商百佳城市"排名表

排名	城市	省市区	网商指数	网购指数	电商发展指数
1	深圳	广东	24.248	29.603	26.926
2	广州	广东	20.536	27.667	24.102
3	金华	浙江	27.107	16.158	21.632
4	杭州	浙江	13.584	25.804	19.694
5	中山	广东	12.839	19.402	16.121
6	厦门	福建	8.854	22.855	15.854
7	珠海	广东	6.344	24.812	15.578
8	东莞	广东	11.551	18.884	15.217
9	北京	北京	8.119	22.004	15.062
10	苏州	江苏	10.703	19.14	14.922

续表

排名	城市	省市区	网商指数	网购指数	电商发展指数
11	佛山	广东	13.714	16.1	14.907
12	嘉兴	浙江	12.987	16.688	14.837
13	莆田	福建	9.365	19.958	14.661
14	上海	上海	9.624	18.818	14.221
15	宁波	浙江	11.681	16.4	14.041
16	温州	浙江	13.256	13.779	13.517
17	南京	江苏	6.822	18.664	12.743
18	泉州	福建	8.765	16.074	12.42
19	武汉	湖北	5.909	18.02	11.964
20	台州	浙江	11.092	12.402	11.747

数据来源：阿里研究院：《2014 中国"电商百佳城市"榜单》

在 B2B 跨境电商领域，截至 2015 年年底有阿里巴巴国际站合作客户（即通过阿里巴巴国际平台做外贸出口的企业）5000 家左右，通过一达通平台出口企业 1000 家，使用阿里贷款业务网商贷企业 600 家（图 1-1）。

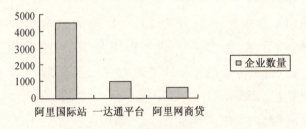

图 1-1　苏州 B2B 跨境电商企业分布

苏州跨境网商联盟很活跃，目前全市地区有 20 多个民间网商组织，2015 年度累计培训电商场次超过 200 场，累计覆盖苏州超过 20000 人次。另外，苏州有两个阿里国际站和 1688 平台产业带,吴江面料产业带和虎丘婚纱产业带在国际平台和国内电商平台很有影响力。

第三节 所辖市(区)电子商务发展情况

一、张家港市

电子商务政策推动。张家港市在电子商务推进方面采取的方法是:由分管市领导负责,商务、财政及服务业办、信息化办、电子口岸等相关职能部门密切配合,统筹推进全市电子商务各项工作。由多部门联合建立电子商务联动防范机制,高度重视电子商务市场规范与监管,切实做好执法检查和日常监管,严厉打击依托网络的制售假冒伪劣商品、侵犯知识产权、传销、诈骗等行为,维护电子商务活动的正常秩序。2014年成立了张家港市电商协会,同时进行了张家港电子商务产业园的筹建,出台了张家港市电子商务政策和细化产业园的招商政策。针对电商产业园、跨境电商、人才培育、电商协会等重点课题,牵头成立了各个专业小组,通过制定计划方案,落实工作责任,分门别类予以推进。

2013年,由张家港商务局牵头,委托国家电子商务研究院在保税区、经开区、冶金工业园等板块及30多家代表性电商企业开展走访调研的基础上,制定出台了《张家港市电子商务产业发展规划》。2014年,由张家港电子口岸牵头,市商务局、保税区物贸局配合,委托参与过重庆、郑州跨境平台建设的昆山华东科技有限公司编制出台了《张家港跨境贸易电子商务咨询规划方案》。2014年3月,在市级产业规划的基础之上,研究制定了张家港市第一份电子商务产业市级扶持政策,进一步强化了对全市电子商务产业的扶持和引导。扶持政策兑现工作稳步推进,并保持每年度新的扶持政策的修订和实施。

电子商务氛围营造。张家港市电子商务协会成立以后认真开展电子商务的宣传推广工作,积极规范电子商务行为和市场秩序,建立网络交易行业自律和权益保障机制,提供纠纷处理、法律咨询、技术研究、成果转化等服务,提高电子商务的监管能力和公共服务水平。先后举办了2次电子商务产业发展交流会、1次菜单式培训授课,组织15人参加苏州电商论坛。多次组织走访调研宿迁电商产业园,京东、阿里农村电商示范点,帮助相关企业准确把握当前电子商务发展趋势,提高经营者对电子商务发展的认识,推动在全市加快形成电子商务发展的氛围。

电子商务园区建设。张家港市电子商务产业园于2014年8月30日正式获批成立。为推动园区健康发展,根据《国务院关于清理规范税收等优惠政策的通知》(国发〔2014〕62号)要求,张家港商务局研究制定了新的产业园扶持办法。重点推进智能仓储、银行融资创新、电商及产业园代运行、B2B平台等项目。截至2015年7月已有6家电商企业签署协议,3家入驻。为加强对电子商务的扶持,培育一批有技术、有特色、生存力强的电子商务企业,通过孵化器对企业给予支持。表现形式主要是帮助企业申报国家高新技术企业、软件企业、技术先进型服务企业称号,大力宣传加计扣除、小微企业等税收减免政策;给予电子商务企业房租减免、科技贷款贴息、高技能人才补贴、薪酬补贴等一系列政策优惠措施。与此同时,张家港市通过政府引导、企业经营、市场运作的模式,利用邮政速递与浙江潘朵电商打造的跨境电商实训平台,整合电子商务和外贸资源,推进张家港市跨境出口电商人才孵化基地建设,深化了跨境出口电商孵化区的培育。

电子商务人才建设。张家港以本地高等院校和中等专业学校为依托,为当地电子商务企业的发展不断提供人才储备。以沙洲工学院、开放大学、二职中为依托,积极组织开展电子商务紧缺人才、专业技能人才的培养,仅2015年上半年培训就达150人次。针对电商爆发式增长和人才稀缺的情况,2014年以来,政府鼓励相关教育培训机构开设电子商务专业课程,邀请淘宝大学前来传授电商零售技巧,加强电商人才的培育。依托沙洲职业工学院开展了一系列"校企合作"座谈会,为电商企业与人才培育机构开展合作牵线搭桥。

电商企业发展提速。在张家港市场监管局精心营造的环境下,2015年以来,张家港市电子商务市场主体发展提速,至2015年年底,新增94户,同比增长28.13%。

为了更好地引导企业积极发展电子商务,张家港市市场监管局2015年联合该市农委、商务等部门组织举办电商培训,降低网络经营创业门槛,为网络经营市场主体发展提供支撑。同时,通过强化日常巡查和执法办案,对张家港市全市交易额较大、注册用户较多、访问量较高或发展潜力较大的电子商务网站重点监控,开展"红盾网剑"专项整治活动,营造网络安全良好发展环境。

积极推进经营性网站电子标识公开,定期发布网络市场监管风险提示,督促电子商务市场主体特别是第三方交易平台落实消费者个人信息保护,做出"七日无理由退货"等新规定,网络商品交易规范水平有了新提升。截至2015年7月,已有近4000个经营性网站完成了真实身份公示,其中约3600个经营性网站申领了电子标识。

电子商务产业特性突出。张家港市电子商务的发展紧紧依托张家港市的产业特性和优势。一是突出工业制造特性。目前全市有4000多家企业与阿里巴巴合作,其中,国际站活跃的有700多家,国内站有3300家。有近300家机械制造类企业与中国制造网合作,"江苏电商谷"已打造18个垂直细分网站。二是突出大宗物流特性。江苏化工品交易中心、博恩大宗在线、玖隆物流园等具有鲜明特色。三是突出港口特色。电子口岸等政务信息交换服务、物润网络、进口货物溯源体系等处于领先位置。

企业自发的积极性较高。目前张家港市电子商务的发展主要源于企业的内在动力,企业从自身利益出发,自发探索电子商务应用,并形成了一定规模。如张家港第一人民商场有限责任公司推出的"鲜百信"尝试线上电子商务与线下门店相结合,目前是张家港市一家专供高品质新鲜水果的电子商务有限公司,有着自己的冷库和物流,提倡都市休闲慢生活,以B2C的网络购物方式,经营全球各地精选水果美食;澳洋医药在电子商务方面销售额已经超1亿;江苏正大富通股份有限公司融入O2O、保险等多个电子商务环节,2015年12月12日其旗下"正大富通宜配网"上线;宜配网电子商务平台,是公司围绕提升客户价值,实施"21"(两个平台:电子商务平台、物流平台;一个网络:移动营销网络)战略转型的重要组成部分。宜配网是连接汽车配件供应链上下游企业的垂直领域的专业电子商务平台,包括网上汽配商城、移动APP客户端,并将逐步导入汽配知识、修理技术、维修联盟等服务内容。同时,对从事汽配流通的上游制造企业、同业经销企业提供"配件调剂、平台入驻、物流体系共享"等合作。宜配网上线当日其注册用户数达到879家,总成交额达到1230余万,超出公司预设目标。

国泰集团2013年3月在天猫开始销售"泰尼尔",2014年销售额达900万人民币。2014年7月18日,"国泰慧贸通"正式成立。这是一家由江苏国泰国际集团和张家港电子口岸共同出资,以电子商务、物联网技术为手段的创新型外贸综合服务商,其创立真可谓"应运而生"。在创立不到半年的时间里,国泰慧贸通已服务客户 100 多个,潜在客户 1500 个,进出口额突破 1000 万美元,与阿里一达通等外贸综合服务平台等一起丰富了外贸新业态的发展。

门户网站综合运用较为成熟。以金港热线(52KD)、爱上网、大港城网、张家港在线为代表的地方性门户网站,广告宣传、信息推荐、网络社区等内容愈加丰富,是社区电商的重要入口。淘沙洲、淘港城、大洋彼岸网等本土 O2O 应用正逐步推进。

具备一定的人才培育基础。随着张家港市电子商务产业的快速发展,张家港市对电商人才需求也日益加大。目前沙洲职业工学院、开放大学等相关教育培训机构已有针对性地开设了电子商务相关课程,电子商务教育取得一定进展,如沙洲工学院与邮政 EMS 开设了跨境电商人才培育基地,第一批 32 人 3 个月的短期培训已结业。

二、常熟市

近年来,常熟市作为苏南地区电子商务企业的重要集聚地,不断推进电子商务应用深化,加大电子商务各类基础设施建设,已建成覆盖全市的宽带信息网、网络光纤。全市建立了大容量、高速率数字传输主干网络,建成了全市宽带 IP 城域网及高速宽带网络,规划推进"全光网",建设广播电视网和高品质宽带网,建成 3G 网络城市,发展物联网技术,推进三网融合。全市企业上网率达到 85%,其中大中型企业上网率为 100%。近年来随着国内电商形势的高速膨胀,常熟电商得到了长足发展,一跃成为国内电商发展重镇。《2013 中国县域电子商务发展指数报告》显示,全国电子商务发展百佳县中,常熟网商发展指数(水平)为 15.78,位列全国第 8 位,表 1-8 所示。2014 年阿里研究院发布的数据表明,常熟市在电子商务百强县中排名第 8。

表1-8 2013年中国县域电子商务发展指数前10名

排名	省	市	县	网商指数	网购指数	电子商务发展指数
1	浙江	金华	义乌市	40.65	52.59	46.62
2	浙江	金华	永康市	23.96	34.09	29.03
3	浙江	嘉兴	海宁市	20.55	36.02	28.28
4	福建	泉州	石狮市	16.46	39.40	27.93
5	江苏	苏州	昆山市	10.94	42.86	26.90
6	浙江	金华	武义县	15.53	37.79	26.66
7	浙江	嘉兴	桐乡市	16.07	34.35	25.21
8	江苏	苏州	常熟市	15.78	31.92	23.85
9	江苏	苏州	太仓市	11.29	35.09	23.19
10	浙江	嘉兴	平湖市	13.60	30.70	22.15

1. 服装电子商务独领风骚

近年来,常熟纺织服装电子商务企业迅速积聚、亮点纷呈、发展态势喜人。目前,常熟市企业特别是中小企业和经商者,已经开始涉足利用网络现有的各种商业平台,如阿里巴巴、天猫、淘宝等,建立自己的网上商店,提高交易次数和交易额,促进企业网络贸易发展。电子商务逐渐朝着集聚的方向发展。为全面提升电子商务产业的建设与发展水平,常熟市规划、建设了一批规范、健康、有序和可持续发展的电子商务产业园区,逐步形成一批有影响力的产业集群。服装城、高新区、虞山镇(莫城)三个板块利用现有载体,已率先分别建设了2万~3万平方米的网商园(电子商务产业园),吸引了一批企业(30~40家)入驻。经开区科创园、海虞镇、辛庄镇等乡镇板块也都纷纷在酝酿并推进发展电子商务。其中,服装城中服电子商务产业园去年被国家商务部等八部委列为国家级电子商务应用试点项目,目前,正把发展电子商务作为专业商品市场转型升级的重点工程之一,依托常熟服装产业集聚的优势,以建设国内领先的服装网上商城为目标,积极筹划打造新的网络平台,并规划新建包括网商和服务商业务办公、物流配套、生活配套等功能的电子商务产业园;高新区引进了普洛斯、安博等知名物流园开发商并据此发展电子商务,目前的电商园中引进的一家运营服务商在淘宝开辟了常熟男装馆,吸引了一批男装网商上线开展B2C业务。

调研数据显示目前常熟地区5000多家纺织服装企业、35000家服装个体工商户已在不同程度上触网经营,平均触网率达到82%以上,其主要经营形式包括建设公司网站,入驻阿里巴巴、环球资源网、纺织服装网等内外贸B2B电子商务平台,入驻淘宝、天猫、京东等网络零售平台,入驻AliExpress、敦煌网等外贸零售平台及借助于团购等网络分销平台(图1-2)。其中天猫淘宝店铺近万家,仅阿里巴巴内贸付费诚信通纺织服装企业就近3000家。

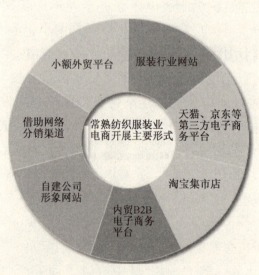

图1-2 常熟纺织服装业电商开展主要形式

作为全国服装纺织业重镇,常熟企业在休闲男装、羽绒服等生产经营领域行业积淀深厚,因此常熟电商一经发展,便在休闲男装、羽绒服、中老年服装网络经营方面展现其独特鲜明的行业优势,围绕网络市场,该类企业在产品定位、创意设计、产业链加工、网络营销、市场销量方面都表现突出。

以羽绒服行业为例,目前常熟羽绒服示范区内拥有羽绒、拉链、面料、服装等子行业,从羽绒服装填充料、面辅料到服装成品、专业市场、营销网络,产业体系完整,加工配套和制造能力强,产业链的设计创意、人才引进和培训、营销网络、物流配送等环节规模和服务质量均达到国内乃至国际一流水准。常熟纺织服装9个"中国名牌产品"中,羽绒服就有波司登、雪中飞、康博、雪韵飘、千仞岗5个。波司登荣获"中国世界名牌"称号,波司登、千仞岗均在网络零售领域有着不凡的表现。以2013年为例,淘宝天猫羽绒服销量约为118.66亿,其中常熟区域羽绒服企业销量就达67.63亿,常熟羽绒服企业占总量的57%。波司登作为服装行业龙头,率先打造B2B网络分销平台,建设波司登在线商城。现在,波司登网店每天的人流超过20万,2013年公司网络销售接近6亿元,连续两年"双11"其全网当天销售超过1亿元。

与此同时,常熟休闲男装、中老年服装、经编绒类在网络上均有不俗的表现,以2014年中老年服装为例,淘宝天猫中老年服装销量约为59.78亿,其中常熟区域中老年服装企业销量就达23.91亿,常熟中老年服装企业占总量的四成左右。

2. 电商运营主体情况

常熟纺织服装企业在电商运营中,除了在网络经营渠道上表现多种多样外,企业运营主体也呈多样化形态,有传统企业、个体工商户、纯电商企业,甚至包括在常熟经营的外地服装企业,但无论哪种主体形式,其主要经营地、生产、加工乃至销售地均在常熟区域,正是这些不同类型、不同规模的企业交织起来,活跃了常熟服装纺织业电商市场。

与此同时,大量的电商企业依靠常熟纺织服装基地这片沃土茁壮成长,成就了自己的电商基业,并有部分企业在电商业界"小有名声"。其中波司登、千仞岗成为羽绒服电商圈的代表,群英集团、若兰集团成为纺织品电商圈的代表,柚子美衣、沐乃衣、外贸大王、布衣传说等店铺则成为女装电商的代表。包括最近在业内声名鹊起的戎美,其流行女装在市场定位、产品研发、客户维系方面均被奉为"业内典范"(表1-9)。

表1-9 常熟服装行业淘宝代表卖家一览表

企业名称	经营地点	经营类型	企业类型
波司登	本土经营	羽绒服	传统制造
千仞岗	本土注册经营	羽绒服	传统制造
群英集团	本土注册经营	家纺	传统制造
若兰集团	本土注册经营	家纺	传统制造
柚子美衣	本土注册经营	外贸女装	纯电商
外贸大王	本土注册经营	外贸女装	纯电商
沐乃衣	本土注册经营	外贸女装	纯电商
布衣传说	本土经营	休闲男装	纯电商
戎美	本土注册经营	时尚女装	纯电商

3. 近年电商配套环境发展

多年来,常熟各界一直都致力于常熟服装业电商发展,从企业应用推动到服装城电商环境打造、电商园区成立及常熟纺织服装业电商扶植政策出台,目前常熟电商配套环境发展已初见成效。

2010年4月29日,常熟服装城与阿里巴巴合作,中国常熟服装城电子商务平台在阿里巴巴专业市场频道正式上线,发展势头强劲,并在此基础上延伸出常熟网货交易会。

2013年年初,常熟服装城依托本地产业资源的集群优势,围绕纺织类核心类目,重点筹建成立了"中服电子商务产业园",形成了一个符合电子商务生态发展需要,融合了网商、软件商、运营服务商的现代服务业集聚区。

2014年5月20日,"中国·常熟男装指数"在著名服装产业集聚区江苏省常熟市首次发布,"中国·常熟男装指数"网站上线运行。该指数是中国男装第一个行业指数,对解读男装经济变化有重要的参考价值。

2014年8月,常熟市人民政府下发苏州大市范围内第一个出台的电商扶持政策《关于促进电子商务发展的若干政策意见》。

到目前为止,快递方面,申通、韵达等大型快递公司纷纷在常熟设点;园区建设方面,从2012年到现在常熟先后成立常熟高新区电子商务产业园、中服电子商务产业园、莫城电子商务产业园、海虞电子商务产业园4家电商园区,同时相关电商代运营企业发展至百余家、每年相关电子商务培训百余场。

三、太仓市

从太仓区域来看,截至2013年年末,太仓市常住人口总量仅为71.7万人,却在中国电子商务百佳县中进入前10,位居第9,自行车行业成为太仓一大特色,由于台企的带动,形成了一条较完整的产业链。

1. 出台政策促进发展

为了推动电子商务产业快速发展,近年来太仓市出台了一系列促进县域电子商务发展的政策文件,其中《太仓市商务发展专项引导资金使用管理办法(试行)》(太政规〔2014〕2号)将电子商务涵盖其中,每年财政扶持资金500万元,主要用于电子商务企业房租、仓储、快递、平台建设、人才培训等方面的补贴,同时也明确服务外包产业投资基金向优质电子商务项目倾斜。政府部门多方调研并形成了《太仓市电子商务产业发展思路及对策建议》调研报告,并投资促进电商发展。

太仓目前有电子商务企业100多家,其中有以B2B为代表的西本新干线,以B2C为代表的雅鹿、口水娃等,以做电子商务平台为代表的苏州麦卡软件、恩源信息科技等。太仓电商在阿里巴巴、淘宝、京东、1号店等大型平台都有涉足,销售的产品有大宗生产资料、服装、食品、空气净化器、家居用品、体育用品、隐形眼镜、汽车用品等。特别在C2C领域,太仓已有数十家企业在阿里巴巴平台上把自家的产品卖到了国际市场。

目前,太仓市共有超过200家企业通过阿里巴巴国际站、1000多家企业通过阿里巴巴中文站进行贸易活动,在淘宝网上的太仓店铺超过2000多家。电子商务代表企业有西本新干线、渤海商品交易所、雅鹿、口水娃、易品惠等(表1-10)。大宗商品交易主要依托自建平台进行,网络零售企业主要借助阿里巴巴、淘宝、京东、1号店等大型平台进行,产品覆盖服装、食品、空气净化器、家居用品、体育用品、汽车用品等。

表1-10 太仓典型电子商务企业一览表

序号	太仓电子商务企业名称
1	太仓西本新干线电子商务有限公司
2	太仓渤海商品交易所
3	太仓雅鹿集团
4	苏州口水娃食品有限公司
5	苏州易品惠网络技术有限公司
6	苏州睿昕汽车配件有限公司

续表

序号	太仓电子商务企业名称
7	苏州恩源信息科技有限公司
8	太仓仕德伟网络科技有限公司

2014年在电子商务项目的投资促进上先后参与源家园工厂店项目、淘宝苏州馆、未来城O2O项目、安德高、樱桃阵、美丽新生活等多个项目,并积极推动太仓LOFT工业设计园、太仓市大学科技园向电商园区转型(表1-11)。

表1-11 太仓电子商务园区一览表

序号	电商园区
1	太仓大学科技园
2	江苏(太仓)LOFT工业设计园
3	太仓软件园

在商务局的积极推动下,太仓市电子商务协会于2014年11月正式成立。协会会员覆盖了B2B、B2C、代运营、快递公司、电商园区及培训机构等全市不同类型的代表,将在政企之间发挥桥梁纽带作用,推动行业内的资源整合,加强学习交流、互通信息,内培外引,维护会员权益,使协会成为"会员之家"。

2. 太仓电商进入高速发展阶段,线上与线下融合渐成趋势

西本新干线获评省级电子商务示范企业,大学科技园获评苏州市电子商务示范园,雅鹿和口水娃成为苏州市级电商示范企业,雅鹿、口水娃、诺伊曼等企业在天猫、京东等平台上斩获丰厚;O2O业态蓬勃发展,大学科技园建立了O2O电商汇平台,LOFT工业设计园引进淘太仓、安德高等企业打造O2O电商产业园。为加大电商扶持引导力度,太仓市还修订出台商务发展专项引导资金使用管理办法,从房租、物流费用等多方面给予电商企业补贴。

3. 龙头企业试水电子商务,太仓渔业掘金"互联网+"

太仓市积极探索信息化技术在渔业生产上的运用,利用互联网等现代信息技术大力发展智能渔业、感知渔业及电子商务,试点建设智能渔业项目,引导渔业企业发展电子商务,以信息化引领渔业现代化,积极利用信息技术改造传统渔业。渔业龙头企业加速进入电子商务时代。天麟大鲵养殖有限公司 2013 年下半年开始网络销售,在百度、阿里巴巴网等建立了网络销售平台。2014 年,该公司网络销售额达 50 万元,占公司销售总额的 30%。启鸿锦鲤养殖场 2015 年 2 月份在中国锦鲤俱乐部论坛上建立了 101 号网店,目前月均销售额 2 万多元,利润超万元。合作社农产品电子营销方兴未艾。浮桥镇茜河水产合作社通过阿里巴巴等电商平台,2015 年销售扣蟹 3 万千克,销售额约 150 万元。大文特种水产合作社等也纷纷开展电子营销,建立特色水产品网店,发布销售信息,广泛宣传该市特色水产品,大幅提升了太仓水产品的知名度。

4. "田园太仓"智能农业网络平台建设初具规模

平台集中展示全市粮食、蔬菜、水产、林果基地的良好生态和先进生产技术,在 14 个农业生产基地配置智能传感器,并与"田园太仓"网连接,实时监控农业生产中的光、温、水、气、肥等基础数据。农业龙头企业加速进入电子商务时代。口水娃公司 2012 年 5 月成立电子商务部,开始实施网络销售,并建设 2340 平方米电子商务综合楼,通过与淘宝网、1 号店、京东商城等知名网络平台合作,搭建一站式服务的"口水娃食品网购服务平台"。平台自运营以来,"口水娃"品牌网上会员超过 10 万人,2014 年网上销售近 6000 万元,带动农户 1.1 万户。村(合作社)农产品电子营销迅猛发展。绿阳果蔬专业合作社 2013 年与欢乐送生鲜宅配、阿凡提科技有限公司合作建设自主电商平台,当年平台销售额达 100 万元,带动农户近百户;城厢镇万丰村、电站村分别建立淘宝店铺和微信公众平台,网络年营销额分别达 30 万元和 300 万元;城厢镇东林村、璜泾镇雅鹿村通过开放微信平台和加入"太划算""豹团网"等电商平台,网络年营销额分别达 60 万元和 340 万元;璜泾镇新海村"小树林"虫草鸡加盟 1 号店,年营销额超 200 万元。

太仓市地处长三角产业带核心区域,产业齐全、经济发达,是长江沿岸最大进出境港口,对外贸易优势明显。目前,太仓已与全球 160 多个国家和地区建立了经贸往来,共有 3000 多家外资企业。面对新形势,太仓正积极抢抓"一带一路""长江经济带"等新一轮战略机遇,进一步拓展对外开放合作新空间,构建更高水平的对外开放经济体系。大龙网落户太仓完善了长三角布局,落实"一带一路 百城百联"战略。太仓所具备的进出口产业集群的政策及区位资源洼地优势,具有强大的辐射带动能力。大龙网在太仓新一轮开放发展过程中,将与太仓建立长期战略合作伙伴关系,充分发挥双方的优势,开展跨境电子商务领域的合作,在太仓本年度内实现跨境电商综合性服务"4+1"(4 平台+1 仓)平台建设、网贸会、欧咖及跨境电商配套服务的产业园落地。

四、昆山市

电子商务作为近年来的新兴产业,在推动经济转型、创新流通模式、提升区域竞争力等方面正发挥着越来越重要的作用。昆山市重视电子商务在经济转型升级中的作用,在 2015 年 4 月份印发的《昆山市转型升级创新发展"六年行动计划"实施意见(2015—2020)》中,将电子商务列为战略性新兴产业,明确提出要大力发展电子商务等现代服务业。

1. 龙头电商引领发展

昆山市充分发挥了区位和环境优势,加大招商引资力度,吸引国内龙头型电子商务企业的区域总部、运营中心、网站托管、供应链基地入驻昆山,加快提升昆山市的电子商务规模和水平,带动昆山市电子商务行业的大发展,目前已落户昆山的唯品会、亚马逊、京东商城等大型电商企业在昆山运营情况良好。唯品会(昆山)电子商务有限公司是品牌特卖网站唯品会的华东区域总部,2014年完成零售额60.22亿元,同比增长120.79%。亚马逊在昆山市的分公司北京世纪卓越信息技术有限公司昆山分公司,2014年完成销售额15.93亿元,同比增长11.81%。国内B2C巨头京东商城在昆山市注册的昆山京东尚信贸易有限公司于2014年6月份开始运营,全年完成销售额26.05亿元。三家电子商务龙头企业全年的电子商务交易总额超百亿元,极大地提升了昆山市的电子商务规模和水平,带动了昆山电子商务行业的整体发展。2015年上半年,唯品会(昆山)电子商务有限公司、昆山京东尚信贸易有限公司、北京世纪卓越信息技术有限公司昆山分公司三家大型电子商务企业的区域总部分别完成销售额32.81亿元、21.46亿元和8.20亿元,分别同比增长23.3%、23.4%、4.8%(图1-3)。三家龙头企业开年便创出销售佳绩,继续发挥着对昆山市电子商务发展的强劲带动作用。

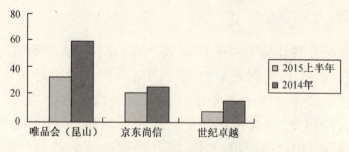

图1-3 昆山三大龙头电商企业销售额

2. 特色平台建设有序、运营成熟

昆山市凭借良好的创业、创新环境,催生出一批行业集聚性强、专业特色鲜明的电子商务平台,提供更多精准化营销和个性化服务。近年来,昆山运筹网、两岸和商网、保税店.com、191农资人网、同城无忧、中国阳澄湖大闸蟹网、可可牛仔街、建伟汽车网上商城等一批特色电子商务平台相继上线,极大地提升了昆山电子商务的质量和内涵(表1-12)。

表1-12 昆山特色电子商务平台一览表

序号	特色平台名称	序号	特色平台名称
1	昆山运筹网	5	同城无忧
2	两岸和商网	6	中国阳澄湖大闸蟹网
3	保税店.com	7	可可牛仔街
4	191农资人网	8	建伟汽车网上商城

两岸和商网由昆山市花桥开发区与中国网库合作建设和运营,是为大陆台企、民营企业提供的一个集企业展示、采购对接和销售等功能于一体的B2B电子商务交易平台,运营一年多来,目前网站综合影响力国内领先,台商、台企电子商务客户资料最全,包括昆山所有台商2000家数据,4万多大陆台商资料,200多万民营企业,成功开发了一系列电商产品和服务,包括台湾行业品类网、台湾名特优单品通、台商全网委托运营、台湾商品网络品牌推广。昆山运筹网是台湾电机电子工业同业公会在昆山市成立的针对采购环节的专业网站,针对昆山中小企业现状,支持实体经济、服务中小供应商企业,主要业务有订单融资、电子押标金、应收账款承购等,包括南亚集团和建设银行在内的多家大型企业、银行参与。保税店.com是一家专业的B2B2C模式的跨境电子商务平台,商品有进口红酒、牛奶、水、油等,总部在昆山保税区,以优传保税电子商务(昆山)有限公司为运作主体,并在全国8个保税区设立全资子公司。2014年11月,平台已经建设完成,并完成业务测试,2015年1月将正式上线开

放,2015年线上销售计划完成1亿元。

2015年昆山市特色电子商务平台建设进一步深入,平台建设日渐走向成熟。两岸和商网在中国台湾岛内设立办事机构,与台北进出口同业公会、台湾无店面协会、台湾老字号联盟等岛内行业组织建立合作关系,上半年上线了台湾气动工具交易网、台湾牛轧糖网和台湾民宿网3个单品网。昆山本地互联网生活平台——同城无忧正式上线,汇聚全城优质商家,为老百姓提供了种类丰富、价格实惠、有质量保证的产品,通过自建物流团队,真正解决了老百姓最后一千米乃至最后一百米的配送问题。

3. 企业应用氛围浓厚

昆山市通过引导和推广电子商务在传统企业的应用和普及,以优化企业供应链和价值链为核心,提升产业链电子商务应用整体水平,增强产、供、销协同运作能力,目前有越来越多的企业开始应用电子商务,实现实体经营和网上经营的有机融合。

一是昆山市传统企业著名品牌好孩子成为应用电子商务的最杰出代表,好孩子集团通过聘请国内知名电子商务高级管理人才,打造了一支专业化的电子商务运营队伍,电子商务应用范围广泛,包括自营平台的B2C官方商城、天猫等第三方平台的旗舰店、手机客户端、微信微商城等,还重点推进O2O+B2C零售模式,取得了很好的销售业绩。自2010年下半年电商部门启动运作以来,好孩子的线上销售呈现了几何级增长:2010年至2014年的年销售额分别达到1000多万元、4000多万元、1亿多元、4亿多元和近8亿元。通过线上线下的营销模式,好孩子集团"到2015年年底实现国际、国内收入均达到100亿元"的"双百亿"销售目标已经在2015年年底顺利完成。

二是2013年9月成立的昆山胜道信息技术有限公司是昆山市台资制造企业转型做电子商务的典型,其将自有工业厂房进行大规模改造,从生产制造业全面向服务业转型,升级为电子商务园区,招募和培养国内一流的电商人才,建立服务全国的胜道电商运营中心,建立约60人的电商营运团队,与京东总部达成战略合作协议,建立"京东优品基地",并且大规模自主研发和实施O2O的系统/软件,实现线上线下业务融合,2014年公司实现线上销售额超1亿元,其中"双11"当天的销售额达3000多万元。

三是阳澄湖大闸蟹等昆山市特色农产品也纷纷"触网",巴城镇的大闸蟹经营户成功开辟网络销售渠道,大多已在天猫、京东商城、1号店等平台上开设店铺,并与顺丰快递建立合作关系,销售产品从蟹券发展到现货。据不完全统计,仅东阳澄湖村就有至少3家大闸蟹经营户的年网络销售额超1000万元。

4. 集聚园区建设深入

目前昆山市已经比较成熟的电子商务集聚区有花桥国际商务城、淀山湖电子商务物流园、巴城软件园。此外,各区镇十分重视电子商务产业发展,纷纷建设、规划电子商务产业园区,如淀山湖镇的神州数码电子商务产业园、巴城镇的美居客电子商务产业园、开发区的电子商务产业基地、张浦镇的门对门电子商务生态科技园。其中,神州数码电子商务产业园总规划建筑面积达32.28万平方米,于2015年3月份正式开园,打造电子商务全产业链服务型园区,吸引中小电子商务企业、电子商务服务商、电子商务展示中心、电子商务培训中心等类型企业入驻,并帮助传统企业进行电子商务改造。美居客电子商务产业园建筑面积6万平方米,将打造集研发设计、品牌孵化、电商运营、仓储物流、电商培训为一体的电子商务产业园,已经与阿里巴巴集团旗下的阿里巴巴商学院达成意向协议,将引进阿里巴巴商学院入驻。

五、吴江区

吴江自改革开放以来形成的"一镇一品"产业特点,为发展具有浓烈地方特色的电子商务提供了良好的产业基础。横扇的羊毛衫市场已经初步形成电商集聚区，除此之外吴江的电商聚集区还以家电、电子产品为主，太湖新城以羊毛衫为主，盛泽以丝绸、纺织、服装为主，汾湖以食品为主，并向周边镇（区）辐射。

吴江首次出台专项政策扶持电子商务产业发展，明确要求，区财政预算每年安排促进电子商务产业发展专项资金，主要用于支持电子商务应用推广、电子商务平台引进和建设、人才引进和培养及相关活动的开展。

在促进电子商务在企业的应用方面，《关于推进吴江区电子商务产业发展的扶持意见（试行）》（以下简称《意见》）指出，对本地区应用电子商务的企业，上年度开票销售额在1000万元以上，本年度开票销售额增长率超过50%、100%、150%、200%的，分别给予5万元、8万元、10万元、15万元的一次性规模提升奖励。对于本地企业发展线上线下融合电子商务业务的，《意见》视规模给予每个线下体验提货店1万~2万元奖励。

在鼓励引进和新建电子商务平台方面，《意见》对电商企业围绕本地产业或服务于电商发展而开发运营的服务平台，对吴江区新建的第三方电子商务平台，对有利于商务诚信体系和食品安全的电子商务平台，都视条件给予奖励。《意见》还大力支持区内龙头型电子商务企业发展，对开票销售首次超过3000万元、5000万元、1亿元、2亿元、10亿元的，分别给予5万元、10万元、20万元、30万元、50万元的一次性奖励。

除此之外，对于鼓励电子商务产业园区建设、支持电子商务专业人才引进和培训、支持电子商务相关活动的开展，《意见》也都做出了明确规定，将视条件给予一定的奖励。此次出台的《意见》，是吴江区首次出台的扶持电子商务产业发展的专项政策，彰显了区委、区政府对于电子商务产业发展的重视，将有利于促进吴江区电子商务的发展，并对吴江区经济转型和产业结构调整优化提供推动力。吴江电子商务协会成立以来,担负起促进电子商务与实体经济紧密融合的重要职责,充分发挥桥梁纽带作用,通过开展电子商务应用培训,扩大电子商务参与面。

目前,吴江全区开展电子商务业务的企业总数达万余家,主要涉及电子制造业、丝绸、服装、旅游产业,吴江全区2013年网上交易总量近300亿元。2013年,吴江全区消费者在网络零售市场购买额近50亿元,其中在淘宝网(含天猫)购买支出达19.7亿元,同比增长29.6%,远高于2013年全区社会消费品零售总额15.7%的增速。

从交易方式和业务种类来看,吴江区电子商务发展的水平、规模不一。据统计,目前吴江区淘宝店总数约2万家,其中横扇社区4500多家,90%以上经营羊毛衫、布匹、家具等业务,多数年交易额不到200万元;北厍、盛泽、震泽、桃源等地都有不同比例的淘宝店,经营服装、鞋类、丝绸、蚕丝被等。为更好地扶持羊毛衫电子商务的发展,北横村注资500万元,成立了苏州名衫电子商务有限公司,专门服务于该村电商,同时投资600多万元新建横扇羊毛衫电子商务交易中心,占地4000多平方米,服务于横扇羊毛衫产业,提供优质服务、最新资讯和海量的采购信息。目标是在5年内将横扇羊毛衫电子商务交易中心建设成集展示、销售、仓储、物流、服务于一体的专业羊毛衫电子商务交易中心。

根据《江苏省商务厅关于开展江苏省电子商务示范村认定工作的通知》公布的首批18个江苏省电子商务示范村名单,吴江区太湖新城(松陵镇)的北横村成为首批江苏省电子商务示范村。

在电子商务的快速发展下,2013年,北横村人均年收入约2万元,其中电子商务贡献额占50%以上。随着电子商务的迅速发展,顺丰、申通、圆通、中通、韵达等多家快递公司在北横村设点,实现物流全覆盖,日均发单2000单以上,交易额20万元以上，羊毛衫旺季日均发单可达5000单以上，交易额超100万元。

北横村位于横扇社区，电子商务产业发源于横扇的羊毛衫产业。横扇的羊毛衫产业自20世纪80年代起步至今，已形成了自身个性鲜明的产业集聚特色，横扇7000多户居民中有3500多户直接从事羊毛衫相关产业，在横扇的2000多家企业中，羊毛衫产业占了95%以上。截至2014年年底，横扇羊毛衫在淘宝网进行网店销售的达4000多家，年销售收入可达10亿元。

北横村羊毛衫电子商务起步较早，2008年起就有村民从事羊毛衫电子商务业务，经过6年发展，北横村现有网店约150家，主要入驻的交易平台有淘宝、天猫、京东等。2012年，北横村电子商务交易额约为8000万元，2013年电子商务交易额约为1亿元，2014年交易额1.5亿元（表1-13）。

表1-13　吴江北横村羊毛衫电子商务典型店铺

店铺名称	年营业额（万元）	经营户	所在地
谜裳阁服饰旗舰店	1000	钱晓华	北横村22组
谜裳阁服饰旗舰店	2100	钱文斌	北横村23组
伊人韩柜旗舰店	1000	张建峰	北横村20组
岚薇服饰旗舰店	730	顾海金	北横村3组
慕尚名媛旗舰店	3000	金栋	北横村6组

目前吴江区不少企业参与开展B2C淘宝业务，业绩较好的如震泽辑里蚕丝在淘宝商城的旗舰店年营业额可达2000多万元，太湖雪家纺、哈梵电子、汾湖的宝尊电子商务公司"双11"的营业额分别达550万元、800多万元、2亿多元。除此之外，开展B2B、B2C业务量较大的还有中国绸都网、东方丝绸市场交易所、UTC行家商贸、亿脉互联网科技、普艺信息技术等，主要经营品牌代理类产品和企业自制产品（表1-14）。

表 1-14　吴江典型 B2C 企业一览表

序号	企业名称	序号	企业名称
1	中国绸都网	6	太湖雪家纺
2	东方丝绸市场交易所	7	哈梵电子
3	UTC 行家商贸	8	宝尊电子商贸公司
4	亿脉互联网科技	9	震泽辑里蚕丝
5	普艺信息技术		

在国内外宏观经济总体状况不佳的形势下，电子商务已经成为吴江企业"掘金"的新矿。近年来吴江企业进一步加快发展电子商务，助推经济转型升级，电子商务发展强劲，2015 年上半年，吴江区多家骨干电子商务企业销售收入同比增长超过 100%。

据统计，纳入区商务局重点监测的电子商务企业的销售收入，与 2014 年同期相比均呈大幅上涨的态势，其中，中国绸都网上半年销售收入同比大增 228.2%，达到 2463 万元；太湖雪实现电子商务销售 1800 万元，同比增长 177%；盛泽东方丝绸市场交易所上半年销售收入达 1.68 亿元，同比上涨 105.1%。除此之外，汾湖的宝尊电子商务公司上半年销售收入实现 3.2 亿元，同比增长 28%；UTC 行家商贸业绩稳步上升，销售收入同比上升 35.7%；辑里蚕丝销售收入同比增长 13.6%（图 1-4、图 1-5）。

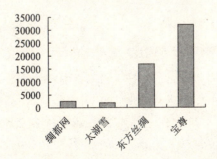

图 1-4　吴江典型电子商务企业 2015 年上半年销售额

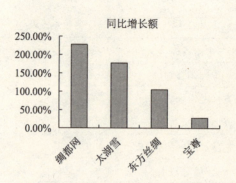

图1-5　吴江典型电子商务企业2015年上半年同比增长情况

以位于汾湖高新区的宝尊为例，企业成立于2007年年初，为品牌企业和零售商提供营销服务、IT服务、客户服务和物流服务等整合式服务。几年来，企业为惠普、飞利浦、伊莱克斯、耐克、李宁等50多家中外知名品牌代理，连续几年以超过500%的速度成长。宝尊入驻汾湖思源创业园后，吸引了配套的网络公司、电商等十几家企业，宝尊在电子商务市场的专业核心技术及其成熟的经验，可以帮助更多的企业快速进入电子商务这一新兴的领域，实现一种全新的销售模式。

六、吴中区

近年来，吴中区电子商务取得了长足发展，整体发展水平与苏州大市基本保持同步。

1. 电商交易规模

据不完全统计，2014年吴中区实现电子商务交易额180亿元，2015年上半年度已超100亿元，同比增长30%左右，税收贡献稳步提升。2015年上半年，科沃斯电器有限公司和苏州淘豆食品有限公司两家企业分别实现网上交易额5.8亿元和1亿元，预计全年可分别达到16亿元和3.5亿元，同比增长100%以上。制造业、旅游服务、特色农业、文化工艺、内外贸易等重点经济领域全面涉足电子商务业务。

2. 集聚发展格局

目前,吴中区拥有苏州金枫电子商务产业园、吴中科技创业园、苏州实体企业电子商务产业园、网谷电子商务产业园、现代电商物流产业园等电商产业载体,总面积超25万平方米,初步形成以开发区、度假区、城区、木渎镇四大板块为主的电商集聚发展格局。金枫电商园ABC三个区,载体面积达6万平方米,入驻电子商务企业90家,2015年上半年园内电子商务经营额6.8亿元,同比增长36%,实现税收近1200万元,同比增长20%,集聚发展效应初步显现。

3. 本地电商平台

区内电商企业自建淘豆网、食行生鲜、科沃斯官网商城、良粮网、三掌科技等本地生活服务、行业特色电商交易平台,以自身实体优势和特色创新优势,引导区域电商平台发展主流方向。其中,江苏随易信息科技有限公司建设的食行生鲜(网上订菜服务)电商平台已在苏州、上海、北京三个地区开通,建成300多个社区和团体单位配送直投站。

4. 农村电子商务

吴中区金庭镇、东山镇、光福镇、香山街道等沿太湖农村地区电子商务发展迅速,农户通过互联网拓宽了销售渠道,农村地区已成为电子商务新的发展蓝海。金庭镇秉常村探索"农户+基地+合作社+电商平台+网店"线上线下互融模式,2014年全村电子商务交易额约2500万元。舟山核雕网上销售大幅增长,预计2015年网上营销突破5000万元。光福玉石工艺品、渡村羊毛衫等占据了线上市场一席之地。

5. 基础配套

物流、支付、通信技术等电商支撑体系趋向完善。目前,全区拥有快递企业26家(其中申通快递、圆通速运和天天快递3家,"全国十大快递物流企业"将市区总部设在吴中区),结合现有20个邮政支局、所、代办点,全区支撑电商发展的物流配套网络已基本健全。扎实的网络通信技术基础对电子商务快速发展起到积极保障作用。全区交换机容量达到56.83万门(城区容量16.5万门,农村容量40.33万门),互联网出口带宽320G,宽带用户达到15.8万户。

6. 电商发展环境

吴中区相继在2012年和2014年出台两轮电商扶持政策,加大对电子商务产业园建设、平台建设及电商应用、服务水平提升等方面的扶持力度。全区获评国家电子商务示范基地、示范企业各1家,省级电商示范村、示范企业各2家,电商品牌效应得到明显提升。区商务部门、电商协会积极组织开展电子商务知识培训、电子商务沙龙、电子商务高峰论坛等一系列活动,电商发展氛围更加浓郁,政策环境更加适宜。

七、相城区

相城区电子商务产业依托原有优势产业和传统交易市场,经过多年发展,基本形成家具、大闸蟹、婚纱、农产品、珠宝五大特色鲜明的电子商务垂直细分领域,拥有全国首个大型3D网络家具商城,逛蠡口家具导购、智慧旅游、婚礼购等电商平台已成功上线,京东蠡口家具产地馆、1号店阳澄湖馆、渭塘珍珠天猫旗舰店正式运营,阳澄湖消泾村和太平旺巷村被授予"省级农村电子商务示范基地"称号。2015年上半年全区电子商务交易额超75亿元,网络零售交易额超20亿元。

1. 以专业市场为产业基础,发展垂直化电商

(1)家具电商。全区目前拥有家具电子商务应用企业和个人超千户,约占实体商户的20%,主要集中在淘宝、天猫、京东等第三方平台,2014年家具网上交易额超25亿元,约占实体销售的17%。2015年6月,蠡口家管会与京东合作,开设京东蠡

口家具馆,先期入驻10个区域家具品牌,委托蠡家乐公司(龙森单独组建团队成立公司)运营。区内有3个家具电商运行平台:逛蠡口、龙森、GO家居。逛蠡口作为一个家具导购平台,已有600家入驻企业,日均流量在5000左右;龙森家具从一家家具贸易型电商转型到垂直交易平台,现已建成线下体验店5家;GO家居是全国首家大型家具3D网上商城,具有导购加展示功能。

(2) 大闸蟹电商。全区拥有大闸蟹电子商务企业和个人超千户,主要集中在淘宝、天猫、京东和1号店等第三方平台,2014年交易额超6亿元。1号店阳澄湖馆于2014年开馆,整合澄湖牌和菊花牌等知名品牌入驻,不断扩大大闸蟹的阳澄湖原产地的影响力。

(3) 珠宝电商。珍珠城目前拥有珠宝电商50家左右,其中天猫旗舰店11家,珠宝淘宝网商40余家,2014年,渭塘珍珠旗舰店正式上线,发展迅速,月交易额已超30万元。

2. 电子商务应用不断提升

全区拥有电子商务企业近千家,个人网商近10000家,以家具、大闸蟹、珍珠、轻纺等为主的传统产业电商发展迅速,其中已建成电子商务平台11个,包括家具平台3个(龙森、逛蠡口、GO家居)、农产品平台2个(元和塘、智慧旅游)、婚礼平台1个(婚礼购)、奢侈品交易平台1个(久罗商城)、旅游平台1个(懒人旅行网)和B2B交易平台3个(环球市场、中纸在线、布瑞克农产品)。同时,集聚了海云网络、云库信息、风石文化传媒、色影广告等一批电子商务服务商,为电子商务企业提供数据分析、精准营销、拍照、摄影、设计等专项服务,海云网络科技等提供互联网精准营销和数据分析等服务。

地方特色馆初见成效。区政府鼓励和支持电子商务企业抱团发展,其中家具、大闸蟹等企业发挥相城产地优势,分别在淘宝、京东、1 号店上开设地方特色产地馆。2014 年淘宝网华东家具产地——苏州馆和 1 号店特产中国·阳澄湖馆正式上线，2015 年 6 月，京东商城蠡口产地馆正式开馆。

物流快递行业进入高速增长期，全区基本实现大型物流公司入驻、快递公司设点的格局，四通一达、EMS、顺丰等快递公司基本实现全覆盖，全区拥有大小物流公司近 300 家。苏宁易购和京东纷纷开设社区服务站，布点农村电商。

以文创园产业平台为载体，辐射城区发展综合类电商。文创园已吸引海云网络、中纸在线、耀盛网络、祥和票务等 80 余家电商企业入驻，电子商务交易规模 30 亿元左右，已有 4 家电子商务企业交易额超 2000 万元，集聚规模效应初现，公共服务平台、配套设施完善，形成良好的电子商务发展生态链。

相城区的电子商务在发展过程中存在一定的制约瓶颈。一是区域性物流问题尚难完全解决。以相城家具电商产业为例，虽然全区有近 300 家物流公司（托运部），但持照的不超过 10 家，部分托运部对家具电商存歧视态度，漫天要价，物流和服务尚未规范。二是电商人才紧缺。相城区的电子商务产业尚在发展阶段，全区电商企业超千家，急需客服、美工、运营和技术等各方面人才。三是电子商务产业集聚度不够。除阳澄湖数字文化创意产业园集聚了近 80 家电子商务企业外，其他大部分电子商务企业分散在其他办公楼，集聚效应尚未显现。

八、姑苏区

1. 特色产业电商发展快速

随着淘宝、京东等电子商务平台的不断发展，网上购物日趋流行，在整个交易市场中占据了越来越大的比例。数字信息化已成为现代经济不可逆转的趋势，电子商务的蓬勃兴起，给传统制造业、服务业带来深刻的变革。具有 30 年历史沉淀的虎丘婚纱,孕育着婚庆的整个产业链,所以打造网上婚纱城是大势所趋,同时也是宣传推广虎丘婚纱、提升虎丘婚纱城品牌影响力的重要渠道。

姑苏区的虎丘婚纱市场目前有经营户1200多家,其中网商数量近三分之一,并有迅速增长的势头。虎丘婚纱城经过前期与各平台运营商、实体店商户的调研交流,已经启动初步确定的电子商务平台建设。虎丘婚纱城电子商务平台将紧紧围绕"线上一站式"的宗旨,以婚纱礼服、摄影器材、婚庆百货为重点,以点带面,延伸到婚庆的整个产业链,同时以销售服务及整合资源为主,产品售卖为辅,包括婚纱定制、婚纱租赁、本地婚车租赁、全国影楼婚纱直供、集体婚礼策划、团购等,全面整合婚纱城的各方优势资源。在这一平台上,情景式购物、互动式线上体验将成为一大亮点,除了基本的用料、身材数据及对应图片外,还能增加立体的简化型动态效果展示,模拟多主题、多情景的购物环境,提供定制、试穿、购买、售后一条龙便捷服务。

随着电子商务的快速发展,货物运输效率被称为网上商城紧随产品品质之后的"第二条生命线"。针对货物运输对仓储、物流的特殊要求,姑苏区虎丘婚纱城将采用第三方配送的方式,同时预留一定的仓储空间备货,优选2～3家快递公司,为客户提供体贴周到的优质服务。同时建设客户管理系统,便于商家清晰地了解销售业绩及商品发货进度等具体情况。

在姑苏区各级部门的扶持下,虎丘婚纱城正在展开微网站建设,微网站上线后将实现各项功能全覆盖,通过手机服务终端浏览虎丘婚纱城内3D效果,全方位掌握项目建设进展和相关动态。同时,虎丘婚纱城还将借助非实时的电子邮件、新闻组和实时的讨论组来了解市场和商品信息、洽谈交易事务,如有进一步的需求,可利用网上的白板会议来交流即时的图形信息。网上的咨询和洽谈能超越人们面对面洽谈的限制,提供多种方便

的异地交谈形式。虎丘婚纱城还将对网络平台进行专业化设计和制作,通过婚庆文化电子杂志、设计师的品牌展示、情景式的网上购物、互动式的体验服务以及功能齐全的物流配套、优质完备的销售服务,建立起服务快捷、功能强大的电子商务平台,从而拓展虎丘婚纱的产业发展渠道,扩大品牌影响力,并以优质的服务、完善的管理,将虎丘婚纱产业品牌进一步推向全国、推向世界。

2. 第三方电商服务商迅速崛起

为贯彻落实苏州发展电子商务示范城市的精神,姑苏区深化普及电子商务应用,帮助苏州市广大中小微企业通过电子商务第三方服务平台开设网店、网上商城,开展网络直销、网上订货和洽谈签约等经营活动,实现"上网触电"。姑苏区扶持了一系列电子商务第三方服务商,其中有代表性的服务商有苏州小棉袄信息技术股份有限公司等。苏州小棉袄信息技术股份有限公司是江苏省首家年度销售业绩突破1亿元的电子商务服务商,集电商系统托管运营、电商业务自营、微平台服务、技术研发、企业软件定制、网站模板开发、小棉袄电商学院于一体,全方位为新时代的网商服务,电商运营中心团队聚集了阿里巴巴、淘宝、腾讯以及线上专业卖家等国内多家电子商务公司出身的优秀电子商务高端人才,在技术实现、全网营销、企业策划、行业运作等方面具备丰富的实战经验,持续为多家传统企业提供企业网络规划、软件开发、商城搭建及托管、一站式销售管理、人才培训等服务。小棉袄致力于开启网上营销模式,线上多维度推广,为客户提供科学长远的电子商务规划、精细化的网店运营、整合一体的网络营销、专业化的培训体系、量身定做的品牌文化、适合企业自身的软件服务,实现传统企业的网商梦。

3. 传统老字号纷纷发展电子商务

苏州内外贸一体化网上销售平台是由苏州市政府主导、苏州广新电视商城有限公司构建的苏州加工贸易企业的推广及销售平台,简称"苏州造"。"苏州造"内外贸一体化网上销售平台是针对苏州企业的一站式品牌服务及一站式电子商务交易平台。入驻平台进行销售的企业有120家,另有近200家企业上线"苏州造"进行企业形象和产品宣传展示,包括加工贸易前100强企业,涉及11个行业40多个品类近3000种商品。

"苏州造"是以企业为主,让市场运作的电商平台,专注于为生产型、老字号、贸易公司和加工贸易等企业提供网络营销一体化服务,市民可从这个平台上买到各种生活所需用品,包括大量科技产品。

"苏州造"网站的"特色产业带"类目,苏州老字号、羊毛衫基地、常熟服装、吴江面料、姑苏丝绸、姑苏家具等分类,凸显出浓浓的苏州味道,科沃斯、采芝斋、太湖雪等一大批苏州市知名品牌已入驻"苏州造"平台。平台还与天猫、京东、1号店等国内知名B2B平台达成战略合作协议,为"苏州造"保驾护航。

姑苏区不少老字号企业开始尝试O2O交易方式。多数企业展区前都有微信二维码展示板,并通过送礼品等方式吸引顾客关注企业公众号,实现点对点的推送营销。虎丘婚纱城电子商务平台也紧紧围绕"线上一站式"的宗旨,以婚纱礼服、摄影器材、婚庆百货为重点,以点带面,延伸到婚庆的整个产业链,同时以销售服务及整合资源为主,产品售卖为辅,包括婚纱定制、婚纱租赁、本地婚车租赁、全国影楼婚纱直供、集体婚礼策划、团购等,全面整合婚纱城各方优势资源。

在老字号企业O2O平台上,情景式购物、互动式线上体验将成为一大亮点。除了基本的用料、身材数据及对应图片外,还能增加立体的简化型动态效果展示,模拟多主题、多情景的购物环境,提供从定制、试穿、购买到售后的一条龙便捷服务;虎丘婚纱城通过策划婚庆类的购物狂欢节,实现"永不落幕"的婚博

会。线上线下联动,整合开放前台后台、融合开放线上线下,服务全产业、服务全客群。

九、工业园区

据初步统计,苏州工业园区共有各类电子商务企业70多家,从业人数5000多人,载体面积超20万平方米,预计2013年度电子商务交易额将超过250亿元。园区涌现出了一批重点电商企业,如同程网、亚马逊、风云科技、八爪鱼等。2013年12月28日,园区电子商务协会成立,同时也涌现出一批电子商务的领军企业,如以蜗牛电子为代表的网络游戏及3D虚拟社区、以同程网为代表的网络旅游市场等,呈现出百花齐放的局面。

1. 电商应用不断普及和深化

电子商务在工业园区工业、商贸流通、交通运输、金融、旅游等各个领域的应用不断得到拓展,应用水平不断提高,正在形成与实体经济深入融合的发展态势。跨境电子商务活动日益频繁,移动电子商务成为发展亮点。大型企业网上采购和销售的比重逐年上升,部分企业的电子商务正在向与研发设计、生产制造和经营管理等业务集成协同的方向发展。电子商务在中小企业中的应用普及率迅速提高。据统计,目前园区电子商务及相关企业近150家,电子商务从业人员超8000人,主要包含商品类(含网络购物)、服务类及支撑类电商企业。为顺应电商发展趋势,加强产业内交流合作,2013年12月底,苏州工业园区电子商务协会成立。截至2015年,协会会员由成立时的55家增长至101家,增长率83.64%。

目前苏州工业园区电子商务企业大致分为以下几个类别:

(1) 技术支持类企业,如国科数据中心、群智网络、瑞翼信息技术等,属提供数据服务、软件技术开发的电子商务产业链上企业。

（2）传统行业借助电商手段扩展公司业务，如宝时得机械、廿一客等。

（3）平台电商企业，如泽它、艾百特、精致生活等平台电商。

（4）电子商务产业集聚区，如国际科技园、2.5产业园等。

课题组对工业园区37家电子商务企业进行调研，数据显示服务类16家，占比43.25%；商品类12家，占比32.43%；其他类9家，占比24.32%（图1-6）。

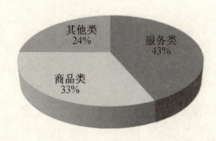

图1-6　工业园区37家电子商务企业类型分布

数据显示，2014年全年37家填报企业实现电子商务交易额179.75亿元，同比增长52.70%；营业收入35.57亿元，同比增长25.27%。苏州工业园区实现电子商务交易额343.63亿元，同比增长32.04%。

公共服务平台建设成效卓越，苏州国际科技园两大重要公共技术服务平台——苏州国科综合数据中心、苏州市软件评测中心成功入选"苏州市十大公共服务平台"。苏州国际科技园被评为江苏省电子商务示范基地。

2. 龙头电商引领发展

2015年12月10日，腾讯云与园区签署了战略框架合作协议，现场正式揭牌全国首家园区"腾讯云基地"。双方将发挥各自资源优势，在人才、资源、资金、技术等方面进行合作，共同构建国内"互联网+"创新创业综合试验园区。总部位于苏州工业园区的同程网目前有员工 2000 余名。经过数年在旅游在线市场的成功运作，同程网已成为国内最大的旅游电子商务平台之一，也是目前中国唯一拥有 B2B 旅游企业间平台和 B2C 大众旅游平台的旅游电子商务网站。

3. 苏州工业园区跨境电商进出口业务全面启动

随着一件价值 90 美元的婚纱发往巴西，苏州工业园区打响了跨境电子商务第一单。苏州工业园区跨境电子商务业务在园区综合保税区正式启动，标志着江苏省的跨境电子商务服务平台正式开始运作，对于转变外贸发展方式、促进外贸稳定增长具有重要而深远的意义。当天下午就有 200 多件商品从这里发往欧美多个国家。苏州工业园区跨境电子商务服务试点将兰亭集势作为首家试点出口企业，借以兰亭集势为代表的电商平台落地为契机，积极帮助著名电商企业在区内发展跨境电子商务，还将延伸电商行业产业链，实现线上线下业务互动，以及上下游配套衍生服务充分衔接。苏州工业园区依托目前已经打造的智慧国际商务区公共服务平台、先进的海关特殊监管区域外汇监测服务系统以及与之配套的各项软硬件设施和已获得的"国家进口贸易促进创新示范区"称号等有利条件，加快推动园区进出口增量提升，并在未来形成多个具有特色和重点的交易和服务平台，以虚拟市场推动有形市场，以有形市场补充虚拟市场，进一步形成进出口商品交易的集聚效应。历年来通过先行先试，苏州工业园区在综保区的功能完善提升和整合优化方面取得了较好的成效，为国家各有关部门在进出口监管和服务创新等方面充分积累了经验。

目前，国内外知名电商都非常看好苏州工业园区贸易功能区载体，苏宁云商、聚美优品、兰亭集势等纷纷入驻。聚美优品是国内最大的化妆品电子商务运营商，于 2014 年 5 月在纽交所上市，2015 年 1 月，聚美优品从事跨境电子商务进口业务的实际主体苏州聚美在园区设立。聚美优品跨境电商日均单量约2万单,公司将取得更加迅猛的发展。

苏州工业园区从明确建设思路、参与项目规范建设、制定检验检疫监管模式三个方面努力探索建立跨境电子商务产品检验检疫监管和质量安全溯源机制,全力推动跨境电子商务健康发展。作为中新两国政府合作项目的苏州工业园区,继2013年12月启动江苏首单跨境电商出口模式后,不遗余力推动打通全面进出口业务,此次,园区跨境电子商务进出口业务实现全面启动,既在园区贸易多元化试点进程中获得了新突破,也为苏州工业园区经济发展和转型升级插上了腾飞的翅膀,具有里程碑意义。

4. 构建园区电子商务人才实训基地

2014年10月17日,苏州工业园区电子商务人才实训基地揭牌成立。新挂牌的电子商务人才实训基地负责人彭总表示,向园区电商人才缺口企业承诺将每年为苏州培养千名电子商务专业人才,为传统企业转型发展提供电商人才培训及人才支撑,助推产业发展。

苏州工业园区电子商务人才实训基地是苏州软件园培训中心成立的苏州电子商务高端人才实训基地,基地联合苏州以及整个长三角地区的电子商务企业,聚焦并构建电商人才圈,助推苏州电子商务产业发展。苏州软件园培训中心刘菲菲表示,目前中心已经与河南、山西30多所高校建立合作,联合电子商务产业园定向培养高校电子商务实战人才,通过苏州软件园培训中心的3个月学习及实训,大学生一毕业就能直接应聘到企业从事电商工作。

2014年争取为苏州及周边地区培养2000名电商人才,构建电商人才圈,真正实现为企业一站式输送电商人才。未来,实训基地每年将向园区电商人才缺口企业输送千余名专业人才,为传统企业转型发展提供人才培训及人才支撑,致力打造电商人才"蓄水池",进一步助推产业发展。

十、高新区

高新区拥有电子商务经营单位近万家,年交易额超过100亿元,载体面积约10万平方米,从业人员超过了8000人,主要分布在苏州科技城、苏州创业园等高科技企业集聚区,涉及电子商务平台开发、应用、服务、物流等多种类型,从农产品销售、家电营销到金融服务平台,涉及一、二、三产业,发展潜力巨大。同时,企业规模效应逐步显现,高新区重要电子商务企业及应用企业已超过100家。

据了解,高新区已将电子商务作为区域转型升级的重要抓手。未来,高新区将重点打造"科技城片区、浒通片区、中心城区"三大电子商务(跨境电子商务)集聚区,形成产业集聚效应,重点加快发展电子商务平台经济,进一步推动电子商务应用和创新发展。同时,通过产业集聚、平台打造,推动传统企业转型升级,深化电子商务在各领域的广泛应用,加快形成与实体经济融合互促的电子商务产业格局。

据初步调研,全区电子商务服务企业70多家,主要分布在创业园、博济科技园、科技城等高科技企业聚集区,总资产约2.5亿元,服务内容涉及个人购物优惠、企业在线、进出口贸易、虚拟街文化旅游、精准广告推送、家居安装、钢材配送、汽车运输物流、楼宇商铺招商、购物、化妆品交易、手工艺品交易等电子商务服务,2015年总收入超过20亿元。

高新区电子商务处于起步阶段,经初步调研,主要电子商务企业如表1-15所示。

表1-15　高新区主要电子商务企业经营情况简表

单位名称	主营业务
江苏仕德伟网络科技股份有限公司	企业在线、网络营销、电子商务策划策划
苏州优品在线软件技术有限公司	电子商务服务外包
苏州派米网络科技有限公司	第三方支付
苏州搜图网络技术有限公司	网络营销、比价搜索
苏州中清瑞能环保科技有限公司	在线资源
苏州分享信息科技有限公司	亲子信息分享平台
苏州优康网络电子商务有限公司	电子商务平台运营、营销
苏州贝宝婚纱电子商务有限公司	婚纱礼服出口
苏州金子盛电子有限公司	IC电子商城
苏州唐艺网络信息有限公司	网络电器商场
苏州中中电子商务有限公司	钢铁交易平台
苏州市寅财信息技术有限公司	线上线下结合中小企业服务平台
苏州润田思源信息科技有限公司	备品备件采购平台
苏州天泽信息科技有限公司	物流信息平台
苏州百助听力科技有限公司	线上线下结合听力、助听器件电子商务平台
苏州爱杰尔信息科技有限公司	线上线下结合电子产品商务平台
苏州市海朋电子商务有限公司	海尔白色家电销售
苏州市膳食管家农业科技有限公司	青旅趣普仕农产品销售

高新区电子商务企业中，主要龙头企业仕德伟被商务部认定为全国首批83家电子商务示范企业之一，2012年营业收入4.5亿元，2013年预计8亿元。仕德伟与清华大学共同研发的"5R网"，已成为国内循环经济第一门户，注册用户突破13万家，服务企业8万家，实现总交易额10亿元，形成税收653万元。

从应用情况来看,B2C 模式中,莱克电器、爱谱诗服装、爱普电器、诺雅电动车等企业在天猫开设了旗舰店,B2B 模式中,宝馨科技、宝钢苏冶、科达科技、中核苏阀、雷允上药业等大中型企业在阿里巴巴开设主页,试水电子商务。

第二章 苏州电子商务发展成效与不足

第一节 苏州电子商务发展成效显著

苏州位于长三角地区,物联网科技服务基础较好,是电子商务体系较完善、电子商务应用领域较广泛、电子商务交易较活跃的地区,苏州企业已经充分认识到电子商务给企业经营管理带来的变革及其趋势,企业上网数量较多,走在全国前列。2015年以来,苏州根据"三区三城"战略目标的部署,紧跟苏州产业结构调试的步伐,积极转变生产方式,跟随苏州经济社会发展方向,立足科技支撑企业发展,发展和强大经济主体建设,在企业规模、就业环境、资源效用等方面得到了较大的提升。苏州中小企业也积极开展电子商务经营,积极推动电子商务在模式创新、管理方法和技术应用方面的进步,实现了实体经营与网络推广同步的良好态势,步伐协调,动力充足。苏州市 2015 年电子商务阶段性和标志性事件如图 2-1 所示。

2015 年,苏州持续进行电子商务发展。随着政策的积极引导、产业的整合、平台的建设和企业的创新发展,目前,苏州的电子商务体系已经基本形成。苏州的电子商务政策体系已经建立,电子商务政策逐步细化,物流配送、网络支付和电子商务人才培养等方面也已经展现出勃勃生机,给苏州电子商务的可持

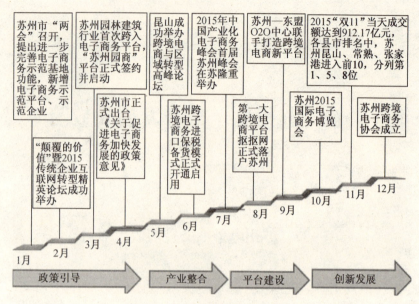

图 2-1　苏州市 2015 年电子商务阶段性和标志性事件

续发展提供了良好的产业环境。在电子商务平台建设方面,苏州重视本土特色产业的发展,培育了一批电子商务平台,行业门户网站也逐步建立,交易活跃,在国内已经具备了一定的影响力,形成了品牌效应。

苏州电子商务覆盖面较广泛。电子商务领域已经辐射到制造业、旅游业、农业和商品流通行业。与此同时,电子商务配套产业也发展迅速。电子安全认证、支付安全保障等也取得了较大进展,电子商务诚信体系正在逐步形成,建立了较为安全和完善的消费信任格局。苏州电子商务的交易得到了较好的引导和管理,电子商务政策体系和管理规范已经建成,和跨境电子商务相关的企业资格认定、税收减免、人才专项孵化等工作也正在逐步开展,已经取得了明显成效,各个方面相互支撑、相互促进,形成了良性循环的企业经营和发展环境。苏州电子商务发展成效显著,具体如下。

一、电商政策不断完善

截至2014年年底,苏州电子商务企业已经超过20家,电子商务交易活跃,通过网络进行的交易企业总数居全国第6。2015年,苏州电子商务交易额突破7000亿元,达到40%的增长率,昆山"海峡两岸电子商务经济合作实验区"成功建立。苏州市委、市政府重视电子商务工作,持续加强电子商务在政策引导和支持力度等方面的部署,不断建立和健全工作模式,改善工作机制,创新工作和方法,不断出台电子商务管理办法等管理制度。《关于加快苏州电子商务发展的意见》《苏州市电子商务"十二五"专项规划》《关于促进电子商务发展的若干政策意见》和《关于促进电子商务加快发展的政策意见》等电子商务发展的指导性、规范性意见纷纷出台,内容涉及电子商务科技的应用、电子商务示范体系的建设、电子商务服务制度的完善,以及城乡一体化背景下,不断推进农村电商发展,提升居民生活品质,以积极解决"三农"问题,等等。电子商务行业呈现了资源集聚、品牌效应形成的良好态势。

2014年,苏州市政府已经逐步下发电子商务扶持的相关政策,对企业的电子商务业务发展、电子商务企业的扶持力度和方法、电子商务平台的建设路径及平台示范影响作用的发挥,以及跨境电商发展的方向等方面进行了指导,这些政策已经发挥了部分作用,苏州电子商务实现了平稳起步。苏州电子商务环境进一步优化,相关产业实现了快速发展,但同时也遇到了前所未有的瓶颈。

2015年,苏州市政府出台的《关于促进电子商务加快发展的政策意见》(以下简称《意见》)是苏州市政府根据苏州电子商务发展现状,针对急需解决的问题,以及在对企业电子商务发展需求进行充分了解的基础上出台的主要电子商务扶持政策。在电子商务扶持的领域、内容和程度方面都有明显的增强。苏州原有的政策已经对电子商务的发展提出了支持的具体措施,而《意见》在原有的基础上,拓展了政策对电商辐射的范围,对平台类电子商务企业的进入进行了扶持,降低了补贴门槛,增加了一系列鼓励、奖励措施,让更多的企业,尤其是中小企业更好地迈入电子商务的领域。这项政策是2015年苏州政府对电子商务发展环境优化的一次重要的举措,能够帮助企业更好地尝试电子商务,增加企业竞争力。

《意见》规划了电子商务扶持和鼓励的战略布局,将电子商务的鼓励和奖励措施的覆盖范围扩展到电子商务平台、跨境电商等6个方面,全面促进电商稳健快速发展。《意见》对以往的电子商务指导意见进行了补充和全面提升,针对2015年电子商务发展面临的问题和考验,更加具体地提出了电子商务企业的鼓励措施。对加入苏州市"国家跨境电商试点",以及"内外贸一体化网上销售"平台的向电子商务迈进的实体企业,加大服务费用的补贴,前两年的服务费用全部由政府补贴,第三年只需缴纳服务费用的一半。对于企业实现网络销售达到一定数额,并且实现一定增幅的,给予大数额的一次性奖励。具体的规定如图2-2所示。

《意见》同时鼓励电子商务平台的发展和壮大。对于符合条件的公共服务平台,其平台服务企业超过50家,同时年交易额超过3000万元的项目,给予平台建设方设备投资额10%的一次性补贴(最高金额不超过100万元)。和之前的电子商务扶持政策相比较,2015年的《意见》大大降低了获得补贴的门槛和要求,能够更好地激发企业的积极性,更好地鼓励企业从事电子商务交易。

《意见》中,对苏州本土的第三方交易平台也提出了鼓励措施。这是苏州市政府积极发展本地品牌,鼓励电子商务平台建

图 2-2 苏州《关于促进电子商务发展的政策意见》主要内容

设和优化的有力措施。对于年服务费收入超过 100 万的第三方电子商务交易平台,交易用户达到一定标准(首次突破 1 万户、5 万户、10 万户)的,分别给予 10 万元、20 万元(含前档)、50 万元(含前档)奖励。对于取得中国人民银行颁发的支付业务许可证,获准办理互联网支付业务的第三方支付平台,给予 200 万元一次性奖励。

《意见》重视和重申苏州跨境电商发展的鼓励措施。《意见》规定:"在苏州国家跨境贸易电子商务服务试点项目区内(跨境电子商务产业园)投资新设电商企业,对建设销售运营或结算中心,给予其实际设备投资额 10% 的一次性补贴(最高金额不超过 100 万元);对本市跨境贸易电子商务交易平台年销售额首次超 1 亿美元、3 亿美元、5 亿美元的,分别给予平台建设方 50 万元、100 万元(含前档)、200 万元人民币奖励(含前档)。"

《意见》对苏州电子商务企业发展的不同类型、不同发展阶段、不同规模分别进行了鼓励。苏州市政府重视由"苏州制造"向"苏州创造"的转变,鼓励电子商务企业在模式创新、商标申请、资格认定等方面不断突破,对电商产业园、行业协会发展等方面,都细化了支持力度和方法。所有在苏州市区实现注册、具有独立法人资格、经营电子商务的企业都具备政策扶持的争取资格。

随着消费习惯的变化,苏州电子商务交易的数量不断加大,新兴产业中应该有更多的企业在成立之初就借助现有的电子商务鼓励政策获得更大的市场。苏州政府对电子商务企业发展的支持力度不断加大,对电子商务环境健康发展的配套体系,也不断加大投入力度。在苏州市政府的引导下,苏州电子商务诚信体系建设也得到了良好的发展,覆盖全市的企业诚信、个人诚信系统已经形成,政府监管、行业规范以及各个分管部门之间的协调运作也逐步协调、互动。电子商务相关法规、商业运作模式、线下服务体系和专业辅导机构也不断优化,在线信息化服务平台逐步建成,消费投诉、后续管理的多方协作,让苏州电子商务得到快速发展。

在苏州政府电子商务统一指导意见的体系之下,大市范围内各个地区也积极完善电子商务政策,根据各个地区企业特点、优势产业和特殊资源,建立了电子商务专项扶持基金,成立了各个行业的电子商务协会,对电子商务企业的运作进行规范化的管理和资金、财务方面的大力支持,相继出台了促进电子商务产业发展的各种意见、制度和文件。

各个地区的电子商务政策聚焦电子商务基地、创业孵化、企业政策指导、平台建设、教育培训和第三方机构、物流等方面,从各个角度全方位地为电子商务发展提供政策依据和指导。部分地区根据地区实际,单独出台了电子商务产业发展的政策,为苏州电子商务政策体系做出了更加细化、更加深入和具备特色的补充。例如,张家港出台了《张家港市促进电子商务和服务外包产业发展扶持办法的通知》，为张家港电子商务推进服务外包产业提出了具体的指导方向。常熟针对服装产业的电子商务发展，出台了《常熟市关于促进电子商务发展的若干政策意见》。吴江地区也出台了《关于推进吴江区电子商务产业发展的扶持意见》，对扶持优势产业借助电子商务发展提出了具体的方案。相城区的《关于促进相城区电子商务发展的若干政策意见》，补充了扶持相城地区电子商务经济发展的具体方法。在苏州市区,《商务发展专项引导资金使用管理办法》《促进服务业发展若干意见》《商务转型升级实施细则》《促进软件和信息化发展扶持政策》以及《商旅文体发展及服务外包引导资金暂行管理办法》等政策意见，就苏州市不同地区电子商务企业的发展，分别在不同方面，提出了扶持和规范电子商务发展的具体措施。这些政策的提出，为苏州电子商务的快速发展打下了坚实的基础，能够全面推动苏州传统企业转型升级，加快了电子商务在各个领域应用的速度，为苏州产业经济转型和产业结构调整提供强有力的支撑。

二、电子商务理念应用持续拓展

电子商务在不同行业领域的应用，能够有效推进产业发展，拓展思路，寻找企业发展的新路径。苏州重视互联网思维的应用，电子商务理念在各个行业中的应用得到持续拓展。在制造业，苏州充分借助积累的强大的制造业基础，发挥产业集聚优势，发挥电子商务在采购成本、销售网络建设方面的应用，立足产业链的特点，优化供应链管理，推进产业链不同阶段的相关企业在成本控制、业务流程重塑、生产效率等方面的提升，很好地推进了传统企业应用电子商务的进程。苏州为了鼓励中小企业应用电子商务理念，专门支持中小企业加大对第三方电子商务平台的应用，打造苏州中小企业公共供应链平台，不断对中小企

业电子商务推广应用服务提供模式（ASP），很好地缓解了中小企业在电子商务方面投资与人才的不足，让中小企业在资金不足、投资有限的基础上借助电子商务的"翅膀"，实现了转型。

2015年，在经济新常态背景下，苏州产业正处在转型升级的关键时期。改变传统的生产模式，挖掘企业的科技优势，借助自主知识产权实现企业的可持续发展，是苏州经济发展中至关重要的步骤。电子商务理念的应用能够发挥企业的技术优势，按照市场开发产品，实现产业的转型升级和生产模式的转变，共同形成产业体系的后劲和动力。2015年是"十二五"的末期，同时也是展望"十三五"的战略阶段。苏州市政府从战略的宏观层面，推动电子商务的应用和发展，强化传统企业的电商意识，扶持新兴电商企业和平台的健康发展，引导和鼓励企业将电子商务理念与企业自身的资源、特点、优势和市场紧密结合，找到真正适合企业发展、符合苏州经济社会发展规律的电子商务发展模式，因地制宜，互相促进，共同发展。规模较大的老企业、上市公司，承担起电子商务主力军的带头和示范作用，带动更多的企业，通过电子商务实现业务创新，提升竞争力。

电子商务的健康快速发展，需要信息化技术的强有力支撑。2015年，苏州整合信息化资源，集中科技资源优势，推动科技成果在电子商务领域内的转化，搭建了各种服务本地企业的电子商务综合服务平台。这些平台有效地提升了电子商务的基础配套服务质量，在技术方面提升了电子商务质量，降低了电子商务企业的培训成本，有效地激发了传统企业"触网"的积极性，让更多的传统企业完成了电子商务的"试水"。电子商务综合服务平台根据苏州企业的特点和技术，围绕电子商务经营所必需的各种网络工具，以及企业自建网站的信息工具、流量分析工具、电子商务网站运营数据采集与分析工具等，全方位地实现了企业从事电子商务的各项服务工作，提升了企业的运营效益。

苏州电子商务迅速推广,应用不断拓展,如图2-3所示。

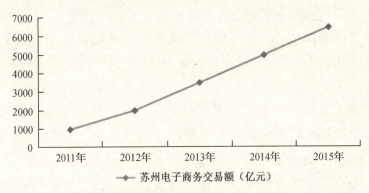

图2-3　苏州电子商务重点业务范围

数据来源:《苏州统计年鉴》

2015年,苏州电子商务理念应用范围不断拓展,已经覆盖了不同行业的生产、商品流通和终端消费等各个环节。传统的企业在品牌塑造、生鲜配送、成本控制等方面,也借助电子商务取得了较好的发展。苏州的旅游业借助电子商务实现了宣传、服务、售票等方面的优化,借助电子商务,很好地推动了旅游业内涵的建设。同时,在移动电商、房地产销售、车辆买卖以及商品拍卖、旅游行程服务等方面,也实现了电子商务广泛的应用,部分产业借助电子商务实现了产业集聚。

苏州电子商务平台已经在全国形成了一定的影响力。同程网、绸都网、模具网、婚纱网、龙媒科技、江苏化工品交易所等电子商务平台在全国形成了较大的知名度,推动了行业资源集聚和行业的快速健康发展,实现了市场创新。同时,在苏州市政府的鼓励下,大量苏州老字号、传统手工艺、优势农产品都纷纷建立起O2O互动的垂直化电商平台,借助APP终端,建立了消费忠诚度,让这些传统的、逐步衰落的产业重新焕发了生机,重新整合和挖掘了手工艺等散落乡村的产业资源,鼓励了大量自主创业的人群投身行业发展,为传统产业的传承、苏州文化的传承

做出了贡献。

苏州地理位置优越,地处长三角核心地带,2015年以来跨境电子商务取得了较大的发展。借助苏州工业园区电子商务平台,出口货物达1.3万票,备案商品超过1300种。"苏州内外贸一体化网上销售平台"2014年正式开始运营,签约数量持续增加,已有超过200家企业进驻平台进行销售。"苏州造"作为凝聚苏州特色产业内涵的电子商务平台也取得了快速的发展,多家企业借助"苏州造"平台实现企业品牌推广和相关资料展示。

物流是电子商务发展的重要支撑,也是交易达成的基础。苏州重视线下物流服务,打造现代物流体系。苏州市快递业务总量在全国排名靠前,在2015年"双11"期间,在快递业务量统计中,苏州昆山、常熟、张家港快递业务量大,居全国前10名,分列第1、5、8位。苏州重视快递业务资质审核和业务日常管理,经过国家、江苏省发证备案的正规快递企业已经超过210家,形成了密集的快递网络和城市配送体系,在配送技术、配送能力和配送效率、配送满意度方面均得到了明显的提升。苏州电子商务还很好地依托了行业协会和第三方中介组织的力量,整合苏州服务资源,重视人才培养,强化电子商务支撑体系建设,打造和优化了苏州电子商务发展环境。苏州升级了公共GIS平台,依托平台构建了区域物流配送体系。

在电子商务发展过程中,苏州广泛借鉴了浙江等其他地区的先进经验,组织和开展了电子商务诚信体系建设工作,加强监督管理,实现诚信认证,形成了较好的电子商务诚信环境。

在生产性服务业以及传统商贸领域中,苏州也不断推广和应用电子商务思维和工具。在金融支持、保险网络、现代物流产业、工程设计以及旅游展览、中介宣传、教育培训等方面,都初步开启了电子商务经营的尝试。在零售业卖场的运营、理货、物流、消费信息推送等方面,也实现了电子商务手段,超市、连锁专卖店、便利店等企业都打造自己的微信服务体系,实现与消费者的互动、信息服务。苏州消费者也广泛下载和应用电子商务的APP终端,形成了消费黏性。苏州电子商务对苏州经济发展起到了重要的促进作用,如图2-4所示。

图2-4 电子商务发展下的苏州经济总况

数据来源:苏州统计信息网

2015年,苏州在打造文化名城的背景下,启用了电子商务平台,推进电子商务在旅游行业的应用。对原有传统旅游信息系统进行了优化和升级,整合和梳理了现代旅游信息资源,建设了全面而丰富的苏州旅游景点空间数据库,借助电子商务技术,实现了将旅游信息规划、行程安排、个性化定制与整体旅游资源、旅游目标、旅游地区介绍等进行对接互动。借助APP终端,消费者可以在旅游之前提前体验三维模拟旅游情境,在旅游过程中实现实时查询、实时讲解、行程安排,在旅游后期还能进行有效的反馈,带动了苏州旅游业的大力发展,让苏州文化借助现代手段得到更加快捷、便利和广泛的推广和传承。

苏州的上网企业数量较多,在这些企业的示范和带动下,越来越多的企业加入电子商务应用的行列,电子商务技术已经渗透到包括生产、流通、消费在内的各个方面。苏州传统老字号企业也纷纷开启电子商务经营模式。采芝斋、科沃斯、阳澄湖大闸蟹、渭塘珍珠经营、常客隆、家易乐、八爪鱼、欧瑞思丹等企业在电子商务领域内的成绩都很显著。

苏州电子商务在参与广泛度方面成绩显著,同时也注重深度建设。以电子商务为载体,苏州电商线上和线下协同并进,成为增加苏州企业竞争优势、发挥电子商务优势的重要内容。化工、纺织、家具、婚纱等具备品牌效应和生产优势的行业实现了线上和线下的互动和融合。苏州化工品交易实现 964 亿元的网络交易量,苏州蠡口家具也走出传统的吆喝模式,在淘宝网驻扎安家,"华东家具产地——苏州馆"正式上线运营,入驻商家当日交易额成倍增长。电子商务企业从自身利益出发,重视行业引领和自身个性发挥,在市场经济规律的引导下,不断加大规模,成效显著。苏州电子商务模式种类较多,自营平台的 B2C、天猫和淘宝旗舰店、APP 终端、微店、微商城等多管齐下,2015 年来着重推进了 O2O + B2C 的零售模式,成效显著。

三、集聚态势不断显现

2014—2015 年,苏州市各地相继成立了电子商务协会,针对各个地区经济发展阶段和特点,各项鼓励电子商务应用和发展的政策不断出台,很好地引导和扶持了电子商务发展,在政策引导下,苏州消费者电子商务需求明显增加,网络购物交易额持续增长。2015 年前三季度,苏州电子商务交易已经超过了 3400 亿元的交易额,增速超过 36%。网络消费习惯的形成,很好地带动了物流行业和其他行业的发展,形成了良性循环的生态发展模式。2015 年示范城市电子商务发展指数显示,苏州电子商务整体取得了较大的发展,如表 2-1 所示。

表 2-1 示范城市 2015 年的电子商务发展指数

全国排名	城市	电商发展指数	全国排名	城市	电商发展指数	全国排名	城市	电商发展指数
1	深圳	26.926	27	福州	10.689	66	银川	7.011
2	广州	24.102	28	长沙	10.548	67	徐州	6.985
4	杭州	19.694	29	合肥	10.353	76	烟台	6.594
6	厦门	15.854	30	成都	10.116	78	兰州	6.537
8	东莞	15.217	31	济南	9.873	84	株洲	6.175
9	北京	15.062	32	西安	9.691	86	长春	6.040
10	苏州	14.922	34	南昌	9.493	89	揭阳	5.972
13	莆田	14.661	35	青岛	9.297	92	潍坊	5.763
14	上海	14.221	36	太原	9.183	97	重庆	5.451
15	宁波	14.041	42	汕头	8.367	100	哈尔滨	5.415
16	温州	13.517	45	天津	8.251	110	洛阳	5.159
17	南京	12.743	48	芜湖	7.993	123	桂林	4.904
18	泉州	12.420	52	昆明	7.752	127	宜昌	4.835
19	武汉	11.964	56	贵阳	7.554	133	赣州	4.681
20	台州	11.747	57	沈阳	7.542	147	吉林	4.327
22	无锡	11.24	60	南宁	7.232	171	襄阳	3.970
24	常州	11.042	62	石家庄	7.076			
25	郑州	11.01	64	呼和浩特	7.038			

苏州电子商务园建设也如火如荼。苏州已经拥有国家级、省级电子商务示范基地 3 家,企业 7 家。苏州消泾村(相城区)、秉常村(吴中区)、北横村(吴江)被评为首批省级电子商务示范村;常熟市被评为全国首批电子商务进农村综合示范县。

苏州积极响应国家商务部和工信部对于信息化生产经营和

产业升级的号召,成功举办了2014两岸电子商务产业合作及交流会议。大会与会者众多,其中包括大陆和台湾地区的多家知名电子商务企业的代表。会议就电子商务发展的趋势、特点、困境和未来路径进行了广泛的交流和探讨,形成了良好的促进电子商务技术应用、发展和思维创新的氛围。大陆地区的多家企业与台湾地区企业进行了深入、专业的研讨,对苏州地区下一步规划和完善电子商务企业的发展和运营打下了扎实的基础。苏州电子商务产业园功能逐步向外延辐射,如图2-5所示。

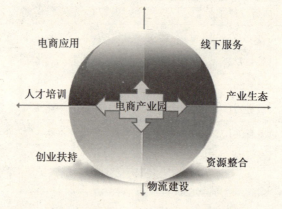

图2-5 苏州电子商务产业园功能辐射图

苏州电子商务产业园规模逐步增加,功能逐步完善,在苏州电子商务发展进程中起到了重要的推动作用,为电子商务企业提供了技术支持和良好的环境。苏州已经建成多家电子商务产业园,包括苏州金枫电子商务产业园、吴中科技创业园、尊品电子商务产业园、现代电商物流园等,在定位、规模、人才集聚、功能等方面已经取得了较大的提升。

苏州政府根据电商产业园的功能和种类,选取其中30家进行重点培育,在技术应用、科技推广、产业园运营、企业服务、人才孵化等方面给予大力支持,在苏州市政府的扶持下,苏州金枫电商园已被评为国家电子商务示范基地,苏州国际科技园、昆承湖纺织服装电子商务产业园被评为江苏省电子商务示范基地，这些产业园在基础设施、示范作用、技术应用、企业孵化等方面都逐步完善，形成了较为成熟和发展迅速的电子商务产业园。为了更好地发挥这些产业园的推广和示范作用，苏州电子商务示范创建工作正在有条不紊地展开，20家示范企业、10家示范基地、4家示范村已经通过审核，逐步进入建设阶段。

苏州电子商务产业园的主要目标是扶持更多的电子商务企业，尤其是中小企业，完成传统企业的转型升级，同时提高孵化电子商务创业企业的成功率，让更多、更加专业的电子商务企业能够合理利用资源，借助优势，补充和优化苏州电子商务服务环境，实现更多的功能。苏州电子商务产业园除了企业经营之外，在金融创新、融资筹资、技术安全、科技服务、信息化引导、决策咨询等方面也已经形成了完整的服务网络和模式，为多家电子商务企业完成了市场调研、策划、经营和推广方面的服务；同时，根据企业经营范畴和特点，收集各级市场信息，并双向沟通和推送国家对企业经营的扶持政策、方针，成为中小电子商务企业，尤其是创业企业的重要依托。

苏州部分电子商务产业园优势和特点如图2-6所示。

苏州电子商务聚集区已经有部分成熟的运作模式，经营规范，如花桥国际商务城、淀山湖电子商务物流园、巴城软件园等。苏州各个地区重视电子商务产业发展，其中，神州数码电子商务产业园建设面积为32万平方米，2015年致力于电子商务产业链服务型园区建设，为电子商务服务体系做出支撑。大量电子商务服务企业、电子商务展示示范中心、电商人才培训企业已经入驻，逐步实现传统企业的转型和改造，帮助更多的企业在电子商务人才、电子商务运营模式方面更快成长。

苏州市电子商务产业园注重品牌建设和培养，具备较好的影响力。其中，苏州网商园成长迅速，成为全国第三家淘宝网商

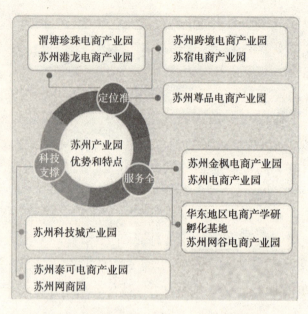

图2-6　苏州部分电子商务产业园优势和特点

园(全国第一和第二家淘宝网商园分别在成都和杭州)。昆山京东商城华东总部项目已投入使用,投资超过100亿元。苏州金枫电子商务产业园积极建设信息化数据处理中心,聚集了大量电子商务企业,已有超过130家企业入驻。在这些电子商务园区的引导和示范下,各个地区积极规划和建设基础设施健全、高标准、配套设施完备的可持续发展的电子商务产业园,传统企业不断进行电子商务变革和转型,实现了产业集聚、品牌提升和规模化的发展路径。苏州市各地正在重点建设培育的电子商务产业园超过30家,产业园功能如图2-7所示。

苏州各个行政区域根据地域特色,支持和打造电子商务产业集聚区。高新区作为重要的科技园区,将电子商务作为整个区域升级转型的依托,重点打造了"科技城片区""浒通片区""中心城区"三大电子商务(跨境电子商务)集聚区,积极推动电子商务平台经济发展模式,推进电子商务思维的应用和发展。

图2-7　苏州电子商务产业园功能图示

借助产业集聚、人才集聚、科技集聚的作用,依托平台,越来越多的传统企业完成了转型升级,与实体经济相互融合,互相促进,互为依托。目前已经成功与大龙网、海歌电器、食行生鲜等平台签约。相城区渭塘珍珠享誉盛名,相城立足特色经济,成立了渭塘珍珠电子商务产业园,多家电子商务率先入驻,开启了珍珠产业借助电子商务销售、开拓市场、转化模式的新篇章。渭塘珍珠电子商务产业园集生产、加工、销售的线上和线下服务为一体,在政策扶持、人才任用和产品检测、个性设计、知识产权保护等方面为企业提供了全方位的服务。

四、跨境电商加快发展

国家对跨境电子商务的发展投入了大量的政策、资金、人才培养方面的扶持,跨境电商发展速度较快。在"互联网+"思维的引导下,传统外贸发展的模式也发生了较大的变化,借助"互联网+外贸"实现优进优出，更好地发挥跨境电子商务的作用。

苏州早在2013年就成为跨境电子商务服务试点城市，苏州市政府大力推动发展跨境电子商务，2015年，苏州工业园区的跨境电子商务进出口业务全面启动，苏州工业园区在原有的生产和贸易基础上，更加丰富了综合保税区的贸易功能，更加精确地定位了综合保税区贸易的特色定位。苏州工业园区借助传统外贸业务优势，融入"互联网+"的思维模式，展开了新的发展篇章。苏州工业园区是中国和新加坡合作打造的政府合作项目，定位高、优势突出，借助互联网的力量，自2013年以来，全面推进和打通了跨境电子商务的业务，丰富了苏州市民的产品种类和来源，更好地刺激了产品的良性竞争。

在苏州跨境电商的吸引下，苏宁云商、聚美优品、兰亭集势等企业纷纷入驻，加入跨境电商的大军，其中，苏宁物流有限公司在工业园区成立了规模较大的专门的跨境电商运营场所，2015年跨境电商成交量持续增加。苏州聚美优品目标长远，规划构建运营总部、研发、客户服务和跨境电商运营中心。

截至2014年年底，苏州跨境电子商务交易货值超过640万元。跨境电商平台的公民身份比对系统经过调试也正式运行。以"苏州内外贸一体化网上销售平台"为代表的平台型跨境电子商务也在稳步发展。昆山作为海峡两岸电子商务合作试点地区，在发改委等多个部委的联合指导下，建设了海峡两岸电子商务经济合作实验区，力求借助昆山的地理位置、贸易基础、产业特色，推动企业的改革和创新，放宽约束，大量吸引台资企业开展电子商务，进一步促进海峡两岸的经济往来，推进双方健康合作和发展，实现信息流、物流和资金流的通畅流动，在市场准入制度、经营主体合作、标准化体系建设、消费者权益维权共建体系等方面实现较大的提升。苏州跨境电商发展足迹如图2-8所示。

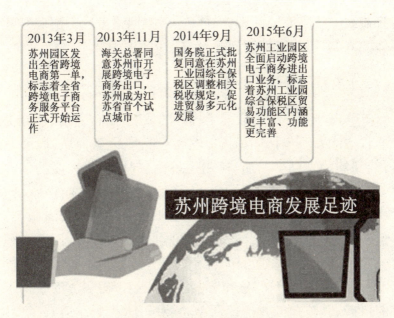

图 2-8　苏州跨境电商发展足迹

　　回顾苏州跨境电商的发展历程，苏州迈入跨境电子商务领域的时间早、起步快。2013 年，苏州工业园区实现了跨境电子商务第一单业务，成为江苏省首单实现跨境电子商务的业务，开启了跨境电商在苏州的运营之门。2013 年 11 月，海关总署批复了相关文件，苏州成为跨境电子商务的试点城市之一，也成为江苏省第一个试点城市，政策鼓励为苏州跨境电子商务营造了良好的发展环境。2014 年 9 月，国务院批复同意在苏州工业园区实施跨境电子商务税收调整试点，大力推动了苏州贸易的多元化发展。2015 年 6 月，跨境电子商务发展的氛围基本形成，跨境电子商务协会成立，政策扶持和税收调整意见基本出台，苏州跨境电子商务如虎添翼，进入了全面发展时期。

　　随着国家"互联网 +"战略的推进，以及"一带一路"战略的全面实施，越来越多的企业看中了苏州的电子商务运营和发展环境。抠抠集团将 O2O 的权限发展战略实现基地放在苏州，准备打造线上线下充分互动,集体验、虚拟网络平台和配套服务为一体的"CPU"城,借助智慧体系实现多种模式。

五、电商平台发展迅速

苏州电子商务平台取得了较好的发展,平台建设、功能提升方面日益成熟。包括同程网、中国绸都网、元素商城,以及龙媒科技、江苏化工品交易所、昆山运筹网、同城无忧在内的一大批具备品牌效应的垂直化行业平台和综合性平台分别建成。同城无忧是苏州本土企业,隶属于昆山同城无忧网络科技有限公司,聚焦于日常生活服务,为老百姓衣食住行提供便利,服务范围涵盖外卖、外送、生鲜配送等内容,重视产品质量,汇集了当地优质商家,在产品选择、价格定位、质量保障、线下服务方面获得了良好的口碑,其自建的物流团队使货物配送、生鲜品质有了保障,解决了老百姓网络消费的最后100米的问题,形成了较好的自有品牌效应,目前不断拓展业务范围。苏州老字号品牌、当地手工艺、旅游纪念品行业也纷纷借助电子商务网络平台,参与网络经营。

苏州市已经建成行业集聚性强、服务专业、特色鲜明的电子商务平台,提供更多精准化营销和个性化服务。其中,两岸和商网是典型的B2B电子商务交易平台,服务对象为大陆的台湾企业和民营企业,为企业信息对接、产品发布做出了重要的贡献。由于定位精准,两岸和商网的综合影响力一路攀升,集合了大量台商、台企电子商务的客户资料,建成了较大的台商数据库,形成了专有的优势。在此基础上,成功开发系列电商产品,实现了良性循环。

昆山运筹网由中国台湾电机电子工业同业公会成立,是针对采购环节的专业网站平台,根据昆山企业现状,扶持和帮助实体经济、供应商企业在融资、电子押标金、应收账款承购等方面发展。平台参与企业广泛,包括南亚集团、建设银行在内的大量企业,交易活跃。苏州相城区在电子商务平台建设方面也取得了特色发展的成效。相城地区拥有大量具有苏州特色的农产品、水产品、轻纺等系列产品,同时也是全国最大的家具生产和交易聚集地,针对这些特色产业的发展,已经逐步建成11个电子商务平台。相城区政府加大力度鼓励和扶持电子商务企业抱团发展,在政府的引导和扶持下,电子商务平台发展势头迅猛,著名的阳澄湖大闸蟹在淘宝、京东、1号店平台上开设地方特色产地馆。苏州电子商务平台主要类型、特点和作用如图2-9所示。

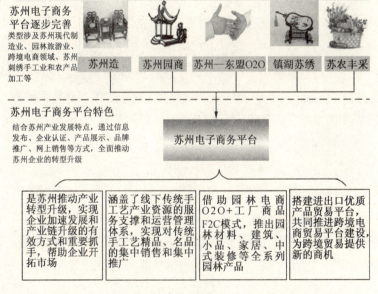

图2-9 苏州电子商务平台发展类型、特色和作用

"苏州造"内外贸一体化网上销售平台是2015年起步上线的新平台。"苏州造"平台建设以"政府推动,企业为主,市场运作"为原则,综合苏州产业发展的分布、产业升级要求、传统企业发展趋势等因素,借助信息资料库建设、企业资格认证、产品

展示、品牌建设等手段,推动苏州自有电子商务平台的建设,并致力于打造苏州电子商务品牌。目前,"苏州造"发展稳步,平台入驻的行业、企业逐步增加,覆盖面广,既包括传统的产业,也包括新兴产业,与老百姓生活需求息息相关,已经超过11个行业和40个品类的企业参与平台建设。

"苏州造"平台较好地推动了苏州各类产业的转型升级,在服务理念、产品设计、自主知识产权、竞争氛围等方面,较好地推动了苏州产业的发展,提升了交易便利化水平和智慧化程度,在企业信息对接、信息双向化方面做出了重要的贡献,推动了苏州自有企业品牌建设。

"苏州造"网上销售平台由苏州广电总台和新一代专网通信技术有限公司合资打造。"苏州制造"已经不是苏州产业发展和建设的趋势,未来要走的是"苏州创造"之路,重视自有知识产权和科技竞争力。虽然苏州的制造业发展已经积累了大量的经验和基础,但是苏州现代产业应该向知识和科技密集型发展。苏州的电子商务思维和理念应该建立在苏州电子信息、精细化工、通用设备、新材料、生物医疗等高新技术产业之上。苏州电子商务平台发展愿景如图2-10所示。

苏州电子商务平台走出了自己的特色。苏州园林名扬天下,苏州很好地利用和发扬了园林资源的优势,2015年,苏州创博会组委会、淘宝(中国)软件有限公司、苏州园林发展股份有限公司共同打造了融合苏州特色的"苏州园商"电子商务平台。苏州园林作为古色古香、秀丽典雅的旅游资源,借助电子商务平台走上了网络。这将完全打破传统的园林展示的模式,将园林资源进行深度挖掘和整合,不仅是园林风景、园林的建筑特色、园林的历史,还包括园林的生活方式和韵味,都可以借助电子商务进行全方位的展示,提供消费体验的建议,并提供园林苗木、园林的建造技术以及园林配置设计等,让消费者将宝贵的苏州

- 培育发展 B2C 电子商务细分市场领域的明星企业与龙头企业
- 打造电子商务营运外包服务业基地，促进电子商务与周边传统制造业、专业市场的联动发展

苏州电商平台发展愿景

特色电商平台
以"园林生活产业、旅游度假产品、城市生态农业"为特色，实现苏州独有的特色产业电商 O2O 模式 + 工厂商品 F2C 模式的双结合，同时借助强大的线下产业供应链资源、标准化生产的成本优势，以及透明的价格体系，推动旅游、核雕、丝绸等传统特色产业从小众消费转变为大众消费

生鲜电商平台
苏州生鲜电商已经得到了大家的认可。生鲜电商平台响应政府新一轮加快"菜篮子工程"建设的号召，立足于家庭生鲜农产品的供应，以生鲜直投站为社区服务，形成集种植、采摘、分拣、包装、冷链配送于一体的产业链

跨境电商平台
苏州园区跨境电商平台实现身份比对。园区跨境电商业务单量突破每日1万件，快速响应确保了跨境电商的提质增量

综合性电商平台
苏州市政府主导、苏州电商协会推动打造的苏州加工贸易企业的推广及销售平台，专注于为生产型、老字号、贸易公司和加工贸易等企业提供网络营销一体化服务

图 2-10 苏州电子商务平台发展愿景

文化遗产"带回家"。为了保障平台的运作，苏州园林发展股份有限公司等 15 家园林工程龙头企业共同联合发起了线下配套服务体系，实现了 O2O 的互动。

目前，"苏州园商"电子商务平台已经形成了 O2O + F2C 的多元化模式，成功促进了园林建造、园林设计、园林家具、装修设计等相关交易，产品也实现了标准化，整个网站运营透明、安全、简单，辅以 APP 客户端，其服务覆盖范围超过了 30 个城市。

苏州的刺绣丝绸工艺质量和品位得到了世界的公认，电子商务平台的建设也很好地结合了苏州的刺绣资源。2015 年年底，镇湖苏绣电商平台正式上线，以刺绣产业为依托，建立了独立的服务平台，内容涵盖网络营销、线下资源的业务支持，实现了科学化、系统化的管理。在传统手工艺遇到瓶颈的时候，苏州

镇湖刺绣走出了自己创新的路子,将自主知识产权保护意识、个性设计理念、经营模式、服务理念都进行了提升,推动了镇湖刺绣的品牌建设,让消费者放心、安心的同时,也让传统手工艺零散、落后的局面得以改观,借助平台形成统一的品牌增值,加速产业的健康、可持续发展。

六、农村电商风起云涌

苏州农业资源丰富,新型城镇化走在全国前列。在苏州新型城镇化进程中,农业和农村发展和建设成为焦点,这是和市民生活质量、食品安全息息相关的领域。苏州农村电子商务发展势头较快,各个地区聚焦区域农产品优势,根据地域特点,发展了不同的农村电子商务模式。常熟市被评为国家首批电子商务进农村综合示范县,相城区被评为江苏省农村电子商务示范县,全市 6 家电商村被评为省级电子商务示范村,电子商务示范村建设数量在江苏省居前列。

在太仓,电子商务与农产品的销售紧密结合,形成了借助电子商务拓宽农产品推广的态势。太仓电子商务平台与农产品产地的镇村、社区和农场以及合作社合作,将生产环节与消费环节缩短,提升了交易效率。已经参与合作的农民专业合作社、家庭农场和农业龙头企业取得了良好的经济效应,起到了较好的示范带头作用,获得了较好的社会收益。

苏州农村电商平台的建设,以及与农产品相关的电子商务手段的应用,跳出了传统农产品生产靠天吃饭、销售依赖采购商的局面,在互联网平台上直接与消费终端接触,实现了按订单生产的模式,不受地域限制,提升了品牌价值,同时找到了更加广阔的市场空间,提升了农产品的附加值,减少了农产品对营销渠道的依赖。太仓在平台建设的同时,注重农业科技对电子商务平台的支撑作用,将电子商务与智慧农业紧密结合，较好地扩大了农产品品牌建设。苏州农村电商分布广泛，如图 2-11 所示。

图 2-11　苏州农村电商分布和运营示意图

苏州的电子商务示范村建设规划科学，根据苏州现代农业的发展和"三区三城"战略建设规划，因地制宜，发挥优势，最大限度地发挥了地区农产品的特色化发展。相城区的特色产业是阳澄湖大闸蟹，相城区规划设计了阳澄湖大闸蟹电子商务产业园区，以消泾村为核心，改变了单一的大闸蟹销售服务模式，形成了集生产养殖、文化展示、销售网络、物流服务为一体的电子商务发展模式。2015 年，肖泾村的养殖户实现交易额突破 3.5 亿元。

苏州已经拥有 6 个省级电子商务示范村，形成了较好的示范效应，带动了更多的村落积极整合资源，联合农户，开展新型电子商务销售模式。目前，阳澄湖大闸蟹已经摆脱了无序和盲目地依靠蟹券争夺市场、压低价格的恶性竞争循环模式，走出了提升质量、树立品牌的健康发展之路。苏州农村电子商务发展结构如图 2-12 所示。

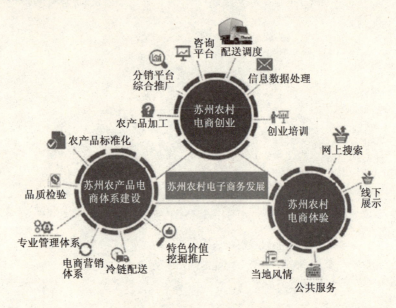

图 2-12　苏州农村电商发展结构

截至 2015 年,苏州农村电子商务取得了较大的发展,加速了新型城镇化建设的步伐,刺激了就业,也吸引了更多的创业人士投身农村。农村电商的良性发展让更多的进城务工人士回到农村,参与就业或者创业,让更多留守儿童得到父母的关爱,促进了和谐社会建设。

吴中区秉常村立足当地资源,发展枇杷电商产业。借助电子商务的平台效应,加快枇杷的线上预订、线下配送,实现了枇杷销售数量的显著提升,改变了传统枇杷生产中守着枇杷等顾客的局面,枇杷尚未采摘就有了归属。与此同时,借助电子商务影响力,与当地农民专业合作社合作,打造了依托农民专业合作社的专门平台,实现了供应与需求对接。同时,当地政府大力支持与产品相关的各类文化节的举办,扩大特色农产品的品牌影响力,举办了碧螺春茶文化节、青种枇杷采摘旅游节等多种多样的文化传播活动,农产品也一改传统的混装混卖模式,分级别、分品类,实现了同一级别品质的标准化质量保障,产品质量实现了全过程追溯。2015 年,部分镇村网络销售金额超过 5000 万元。

2015 年,苏州市更加重视农业科技创新,重视信息化和网络化对农村电子商务的带动作用,创建优秀的电子商务示范村,建设国家级示范县,集聚自然资源、人力资源和产业资源,在"农户+合作社(基地)+网店"模式的基础上,发展"农户+产业园+网店"等多种电子商务模式,建立具有地方特色的农产品科技、人才服务平台,优化物流配送体系,进一步加大农村电子商务发展。

七、物流配送效率提升

苏州物流产业基础较好,近年来在电子商务的带动下,物流体系不断完善,物流效率明显提升,物流服务质量也得到优化,苏州物流品牌逐步建成。在科学发展观指导下,苏州大力整合了配送资源,改造配送体系和模式,改革了物流服务风格,不断创新。2015 年来,苏州物流配送发展重视港口物流、保税物流、商贸配送物流,以物流集聚区建设为抓手,在物流管理体制和机制改革方面做出了创新,较好地推动了物流产业与工业制造、商贸流通、金融产业的联动。在"一带一路"背景下,为更快地融入"两个中心"建设打下了基础。苏州将被打造成立足江苏、覆盖长三角、辐射全国、服务亚太的区域性现代物流枢纽城市。

苏州的港口物流和保税物流体系已经建成,并以此为龙头带动了现代物流体系的升级,物流企业数量增加,物流规模扩张,服务理念不断更新,服务效率和质量明显提升,在电子商务的带动下,物流业务量的大幅度增加减低了综合成本,电子商务和物流配套服务体系实现了良性互动。苏州物流园区分布如图2-13所示。

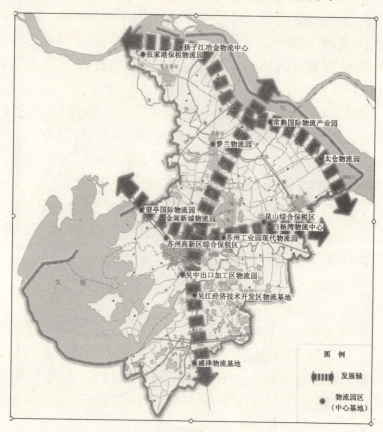

图2-13 苏州物流园区分布图

苏州地理位置优越，地处长三角核心地带，经济发展水平高，港口众多，信息化水平高，开放经济发展迅速，便利的信息沟通、城市知名度高和丰富的旅游资源，让越来越多的消费者通过电子商务网络知晓苏州、了解苏州。苏州电子商务销售总额每年以较快的速度增长，在苏州经济发展体系中，电子商务的带动和示范作用越来越明显，为苏州经济社会发展做出了重大的贡献。

苏州市政府重视电子商务的线下配套服务，打通网络消费与现实的最后一千米,转变行政管理理念和监管模式,将管理变为引导,统一科学规划电子商务物流蓝图和目标,在物流产业发展的各个环节都配套相应的扶持和法制保障,让物流产业在更加宽松、更加规范和更加安全的环境中发展,物流产业已经成为电子商务发展过程中重要的推动力,取得了长足的进步。

苏州政府为物流产业的发展提出了国际化的目标。苏州被定位为特大城市之一,和其他普通城市相比,人口更密集,交通更繁忙,竞争更激烈。这为电子商务的发展提出了挑战,苏州物流体系在数量和质量、物流基础设施、运输设备方面都必须达到一流水准,在物流路线选择、物流作业监管、物业网店设置和人才任用、质量跟踪方面,都必须更加科学,与时俱进。

2014年,苏州快递业务总量超过7000万件,实现了苏州大市范围内无死角的配送。苏州门对门购物配送有限公司总部在江苏省,企业定位精准,业务范围锁定电视购物、网络购物等专门客户,开发了不同于普通快递的服务优化、保障安全的高端商品业务,迅速扩大了配送队伍规模。类似的快递发展速度较快,在服务模式、功能拓展和效率提升方面都做出了较好的样例,带动了苏州快递行业的良性竞争。苏州与电子商务配套的物流满意度网络调查情况如图2-14所示。

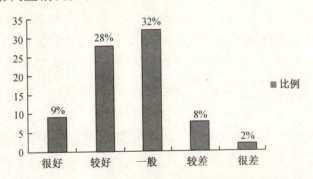

图2-14 苏州电子商务物流满意度调查结果

数据来源:苏州电子商务物流满意度调查问卷

苏州物流体系依托的主要是公路运输，既包括内部物流，还包括进入苏州以及驶离苏州的物流体系，涉及相关的公路、车站、港口、机场等资源。其中，公路运输灵活，受到时间和天气的影响小，与终端消费者对接便捷，成为苏州物流中重要的基础。电子商务的发展让苏州物流体系在原有传统的配送科技应用基础上，促进了信息化应用的种类和范围，条形码、信息库技术已经广泛应用，物流"触角"已经伸及农村各个角落，让更多市民享受到现代物流带来的便利，也促进了电子商务订单数量的增加。在即时化、电子化和 GPS 技术水平大幅度提升的情况下，借助网络、消费终端和物流管理方，实现对物流的实时了解和监控。

八、电商创新卓有成效

电子商务理念和思维必须在各个领域和行业、产业广泛应用，同时产生良好的经济和社会效益，这样才能更好地将电子商务的作用和重要战略意义展现给公众，起到很好的示范作用，产生规模效应。苏州政府在电子商务应用样例、示范区、示范园建设方面做出了较多的努力，让电商的带动作用更加明显。2015年，苏州市政府与阿里巴巴（中国）有限公司签署了战略合作框架协议，目标确定为更好地发挥苏州市制造业和贸易优势，借助阿里巴巴成熟的互联网技术、品牌推广的优势和影响力，积极推进苏州工业产业转型升级，支持和保护苏州自由知识产权，在科技创新和智慧城市建设方面，双方广泛合作，优势互补，共同发展。

2015 年，苏州第一批"苏州市电商示范单位"取得了优秀的成绩。苏州市政府根据电商示范单位的发展和作用，授予常熟市昆承湖纺织服装电子商务产业园、虞山镇言里村、苏州智尚信息技术有限公司等单位"苏州市电子商务示范基地""苏州市电子商务示范村""苏州市电子商务示范企业"等称号,大力扶持这些优秀典型的电商企业将经营发展的优秀经验和典型做法、创新创意分享,带领更多的企业用更科学的方法开展电商业务,更好地在产业集聚、人才集聚、农业发展、特色产业转型等方面,不断深入应用"互联网+"思维。

苏州农村电商发展的示范作用也取得了明显的效应。在农民专业合作社、家庭农产、农业科技园区、农业示范园、农业龙头企业等带头进行电商运营的企业示范之后,大量创业者、新建企业和传统企业纷纷涉足电子商务,其中,常熟市新增1万多人从事电子商务工作,年交易额超60亿元,在解决农村就业的同时,大批电子商务企业快速成长。苏州电子商务创新发展方向如图2-15所示。

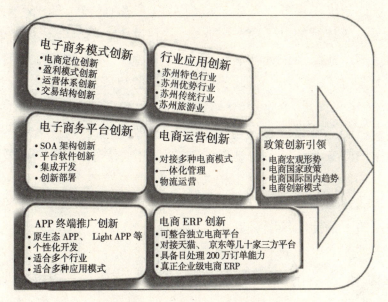

图2-15 苏州电子商务创新发展方向

苏州电子商务发展走在全国前列,在已有的基础之上,电子商务的发展应该创新思路,不仅是让电子商务企业实现基本的电商运营,而且应该在运营模式、服务思维、发展模式方面,实现可持续的创新发展。电子商务发展让生产和消费实现互通,缩短了产品销售链条,给企业带来机会的同时,也带来了危机意识,让产品的更新换代加快,产品淘汰率增加。因此,苏州电商企业应该创新生产模式,在更加激烈的竞争中,深入分析电子商务经营模式的内涵和优化方法,更好更快地整合信息流、商品流、资金流,用具备前瞻性的敏锐意识和理念,灵活调整电子商务竞争战略,充分体现企业的价值。

在电子商务创新过程中,必须依托的是科技成果。只有依靠科技成果,尤其是具备自主知识产权的科技成果,才能够量身定制消费者真正需要的产品,用创新思维改变传统的商业模式,将科技与市场紧密结合。

苏州电子商务在各个领域内实现了基础创新。2015年,苏州国际科技园的电子商务企业众多,超过370家为云计算企业。云技术产业已经在苏州崭露头角,在苏州市政府的各项财政扶持下,进行了多样化的创新和引用。包括智慧基础云、健康医疗云、文化教育云、企业云、交通云、旅游云、电子商务云、电子政务云在内的多种云技术应用全面铺开,成为推动科技园区示范带动作用的主要推动力。这些云技术同时也是苏州市民的"及时雨",内容涵盖了与苏州市民生活息息相关的各个领域,为生活的每个环节提供了便利。很多高校也普及了云技术,为在校学生提供了便捷的校园服务。

苏州的电子商务创新既融合新科技和新技术,同时又做到了"接地气",许多电子商务创新都围绕着民生领域内市民的基本需求展开,各种致力于打造社区生活、养老、文化娱乐、购物等服务的平台和APP终端软件逐步普及,为生鲜电商、农村电商等产业的发展打下了基础。

第二节　苏州电子商务发展存在问题分析

尽管苏州电子商务取得了较明显的效应,但是从长远发展来看,仍然存在不足之处,如图2-16所示。

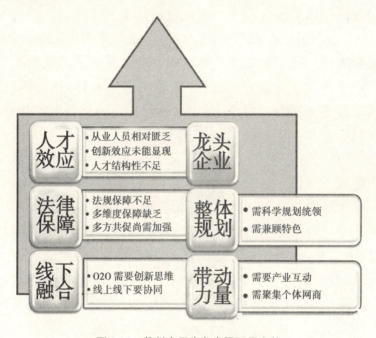

图2-16　苏州电子商务发展不足之处

一、电子商务人才缺乏

苏州电子商务迅速发展的同时,电子商务专业人才的需求缺口也逐渐加大。越来越多的企业开辟了自己的电子商务窗口,越来越多的电子商务企业诞生,致使传统企业、电商企业都需要电子商务专业人才,各个岗位、各个流程都需要专业的电商人才。苏州跨境电商也同时展开了全面发展,传统贸易专业的应聘者需要具备电商知识与思维。因此,苏州电子商务人才的培养和补充成为亟待解决的问题。跨境电商等领域需要的是跨行业、跨领域的复合型人才,这对苏州的职业人才培养提出了新的要求。

农村电子商务发展进程中,苏州农业技术、农业经济管理人才的缺乏是突出的问题。苏州智慧农业发展需要大量懂技术、懂农业的专门和实用型综合人才。从苏州目前的情况来看,从事物联网技术研发和服务的人才数量严重不足。农业产业效益滞后,涉农服务机构条件简陋,农业专门人才培养数量少,因此对就业人员的吸引力不大。现有的农业计算机和物联网技术人员对农业领域不熟悉,物联网在农业的推广和智慧农业解决方案的设计方面需要更多专注农业、热爱农业的年轻人。此外,苏州智慧农业从业人员的知识结构不够合理,主要从业人员的专业性强,缺乏综合性技能。现有人才知识结构对苏州智慧农业发展形成了障碍。

苏州农业人才队伍的保障和服务也有待提高。对智慧农业认识的缺乏导致部分地区,尤其是乡镇地区,对人才的工作扶持力度小,对从业人员在工作中遇到的问题和困难没有进行及时的关注和疏导,导致人才对农业从业的热情降低。苏州在智慧农业人才的培养方面,应该注重培养学生的多种能力,注重研究性学习导向的技术能力培养,还应该以动手和实干能力培养为主线,培养学生的农业产业从业热情。

智慧农业涉及精准计算和自动控制、物联网技术、3G和云计算技术等内容,如何利用这些技术完成对农业环境和产品生产过程的分析,如何进行无线数据信息采集和传输,如何建立管理信息系统和网络,如何进行物流优化设计和农业领域解决方案的策划等,都是培训的重点内容。在物联网技术专业人才培养的课程设置中,应该充分考虑物联网在农业技术中的应用。

苏州智慧农业需要的是农业理论功底扎实、熟悉农业经济知识、知识结构科学、具备创新思维和动手能力的实干型复合人才。这就要求在智慧农业人才的培养中要坚持产学研结合,培养能将所学知识在现实产业中实践和应用,敢于创新的新型综合性人才。

苏州电子商务从业人才培养模式应该充分利用高校、科研院所和科技型企业、农业企业和农村农业生产、农民专业合作社等多种立体教育资源,变革讲授型的教学主体和方式,通过直接获取农业生产经验、工学结合和工学交替等多元化教学模式,与农业企业、科技企业和农村管理委员会等机构建立长期合作关系,搭建学生实践和农业生产智力服务的综合性平台,让教育培训与农业咨询紧密结合,发挥双赢的效果。开发多样的培训方式,将经验丰富、权威的农业专家学者或者常年从业于农业生产一线的资深职业农民纳入智慧农业师资建设中,借助讲座、农业现场咨询会、讨论会等多种方法展开教学。网络调查显示,苏州电子商务从业人才比例如图2-17所示。

苏州农村电子商务人才专业结构也不合理。苏州从事农业物联网技术的人员主要来自农学专业、系统工程专业、计算机软件专业,以及农业经济管理相关专业。人才培养的专业知识针对性较强,知识覆盖面不够广泛,在从业过程中,存在农业科学知识不够、农村信息和数据分析能力不强、农业种养殖基本经验不足,以及市场营销与互联网农业思维传播方法不得当等问题,影响了人才在苏州农村电商发挥作用的效果。此外,实践操作和实验人员,需要具备吃苦精神和动手能力,本科及硕士毕业生眼光高、对基层农村和农业生产的从业热情不够,这些都是苏州农村电商发展的重大障碍。

苏州电子商务的各类专业人才存在较大缺口。电子商务运营对人才综合技能要求较高,从业人员,尤其是核心技术人员需要具备多项技能。从业者应该对苏州现代产业生产基本情况、

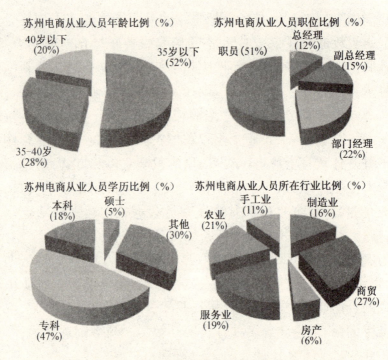

图 2-17 苏州电子商务从业人才比例

企业规划、电子商务平台管理体系较为熟悉。在苏州电子商务管理人才需求中,还需要大量的物流与仓储的管理人才。

苏州电子商务产业发展的关键在电商技术在生产和管理领域的应用,而发挥应用效果的关键在人才,高素质的实用型人才是提高产业发展速度的关键。苏州电商企业的"软件"环节显得较为薄弱。电子商务岗位对专业人员的素质要求带有跨行业特性,不仅要求从业者有基本行业常识,而且能熟练运用包括物联网技术在内的各种信息处理技术,具备跨行业、宽领域和复合性特征,这类人员极为短缺,急需补充。

二、电商龙头带动效应乏力

苏州电子商务企业的发展中,电子商务龙头企业起到的带动示范作用不可忽视。但是和苏州电子商务发展态势相比,龙头企业的数量和规模都不尽如人意。虽然同程网络科技股份有限公司、江苏仕德伟网络科技股份有限公司等知名的电子商务起步快,发展势头好,起到了一定的带动作用,但是和杭州等地相比,电商龙头企业的比例、规模还不足。

随着大量电子商务企业的加入,市场呈现无序竞争的态势,产业发展的方向和规范也存在杂乱无章的情况。在人才任用、经营模式方面,需要龙头企业发挥自身优势,在新领域、新技术和新的推广模式方面做出优秀的样例,勇于尝试。

现有的部分苏州电子商务企业规模小,人员专业性不强,在工作环境、制度建设、劳动保障和电子商务创新方面都较为落后,单一模仿,缺乏自身特色。

三、法律法规保障不足

苏州电子商务发展需要创建规范和完善的法律保障体系。电子商务借助网络达成交易,在支付安全、信用评价、电子认证、知识产权保护、权益保障方面都要做到完备,这样才能保障电子商务的顺利发展。任何一个环节出问题,都会导致整个交易失败,甚至给消费者带来巨大的经济和精神损失。

苏州已经建立了立足电子商务发展的基本法律保障体系,但是在某些具体操作的规范和法律依据方面,还不够细化。电子商务发展的过程中,会不断出现新的法律保障需求,这就要求苏州市政府进一步完善相关法规,维护正常市场秩序,保护电子商务企业。

部分领域内电子商务本身的虚有化、电子化特点,给不法分子带来了可乘之机。虚假交易、资金账户不安全、隐私泄露、支付不安全、伪劣产品等侵犯消费者合法权益的问题频频出现,加深了消费者对电子商务运营模式和应用的疑惑,延缓了电子商务创新。

随着电子商务企业管理的进一步规范,相应的消费权益保障、企业权益保障需求也逐步显露,给立法提供了重要的经验参考。同时,原有传统体制、机制、制度上的障碍也逐步显露。未来苏州电子商务法律法规保障体系必须立足现实,将法律保障作为支持电子商务发展的重要抓手,塑造有章可循的市场处理环境,将苏州电子商务引入法治轨道。电子商务法规要体现行业的特点和新需求,不能照搬照抄,既要与传统的商务法律法规相区别,又要具备通用特点和参照性,针对电子商务特殊领域内发生的资金监管、质量安全、知识产权保护、信息安全、信用评价、交易保证金、虚假广告、投诉解决机制、垃圾广告等问题,进行法律制度建设,实现电子商务的规范化。

四、电商发展规划欠科学

苏州电子商务是将网络技术、网络平台与地域产业紧密结合来发展的。因此,电子商务必须紧紧抓住苏州实际,做出自己的特色。苏州电子商务发展应该高瞻远瞩,具备战略眼光,从苏州发展的战略规划高度来把握整个电子商务的发展,打造多方协同的新模式和新做法。苏州文化细致柔美,闻名天下,吴文化智慧、灵巧、细致的人文特色渗透在苏州的各个产业发展中,多年来,苏州手工业、文化产业、旅游业一直遵循着传统的营销和经营方式,有条不紊地进行。

但是,在电子商务时代,效率大大提升,苏州的企业和产业发展,需要更加大胆、更加有力度的改革意识,打造自己的特色,扩大行业的影响力,更好地发挥资源集聚效应。现有电商产业园在数量上明显增加,但是产业园的设立和发展,更加需要长远的引导和可持续发展,让有限的资源产生更大的效应。

苏州市政府应该更好地发挥政府部门在统筹规划、政策导向方面的作用,借助官方媒体快速普及电子商务政策,科学引导电商人才集聚,科学规划和布置电子商务人才培养的模式和方法,实现人才与岗位的对接。借助科学战略眼光,实现人才的前瞻性培养,根据电子商务创业需求,引导创业人才集聚。

五、线上线下未能融合

苏州具备优越的旅游资源和服务资源。对于旅游和部分服务行业而言,现有的电子商务经营主要体现在借助网络平台进行销售的层面,在借助 APP 终端拉近行业与消费者的距离方面,苏州做出了一些成绩。但是,更多的领域内,应该更好地实施线上和线下的互动和融合,开展 O2O 模式。O2O 模式特点如图 2-18 所示。

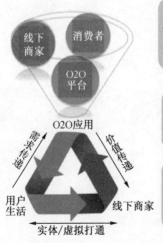

图 2-18　O2O 模式特点

苏州外来人口众多,家政、培训等行业对 O2O 的需求越来越大。苏州现有的各种 APP 软件已经得到了广泛的应用和推广，但是这些终端软件功能单一，仅仅提供美化的资料和宣传，未能实现实景检测，以及其他消费者的评价互动等，导致家政行业市场不规范，管理不完善，虚假广告横行，甚至带来安全隐患。

和传统电子商务发展模式相比较，O2O 更加注重服务，对优质服务的需求在线上越来越多地涌现，但是，优质线下服务资源没有能够充分展现，出现了线上线下"两张皮"的局面。2016年3·15晚会上，"饿了么"网站虚假的信息推送让消费者大失所望。苏州的O2O发展只完成了冰山一角，只有线上需求与线下资源完美对接，才能让电子商务蓬勃发展，实现增值。

第三章 苏州电子商务发展面临的机遇与挑战

苏州是全国首批电子商务示范城市、智慧旅游试点城市、跨境电子商务试点地区,雄厚的产业基础、深厚的文化底蕴与"崇文、融和、致远"的城市精神推动着苏州人在电子商务领域不断开拓进取、创新创业,电子商务已广泛深入地渗透到苏州生产、流通、消费等各个领域,在增强苏州地方经济发展活力、转变经济增长方式、提高资源配置效率等方面,发挥着不可替代的重要作用。2015年3月5日,李克强总理在第十二届全国人大三次会议的政府工作报告中提出"制定互联网+行动计划",推动云计算、大数据、移动互联网、物联网等互联网技术与现代制造业结合,促进电子商务、工业互联网和互联网金融健康发展,引导互联网企业开拓国际市场。在"互联网+"时代背景下,苏州各行各业均积极依托互联网手段实施转型升级,电子商务发展机遇与挑战并存。

第一节 机 遇

一、智能制造拓宽电商应用空间

近年来,随着数字化、智能化技术的高速发展,全世界迎来了以信息物理融合系统(CPS)为基础,以生产高度数字化、网络化、机器自组织为标志的第四次工业革命浪潮。第四次工业革命简称"工业4.0",以2010年7月德国政府颁布《德国2020高技术战略——思想·创新·增长》为正式产生标志,其主要内容为通过互联网媒介的推动,推进制造业产业链深度重构,实现智能制造。

在全球工业4.0发展背景下,我国政府非常重视传统制造业升级转型,着力建设智能制造强国。2015年3月,我国政府工作报告提出推进"实施中国制造2025"与"互联网+",促进工业化和信息化深度融合。2015年5月,国务院正式发布制造强国战略第一个十年的行动纲领——《中国制造2025》,明确了智能制造是建设制造强国的主攻方向,提出以推进信息化和工业化深度融合为主线,着力发展智能装备和智能产品,推进生产过程智能化,培育新型生产方式,全面提升企业研发、生产、管理和服务的智能化水平,并部署实施智能制造重大工程。

智能制造的本质就是实现工业互联网,即通过互联网、大数据技术将设备商、生产线、工厂、供应商、产品、客户紧密地连接在一起,形成更具有效率的生产系统,通过创新的信息网络将产业链优势企业加以集聚与联合,使产业链上下游的协同变得更为顺畅。生产商根据消费者需求大数据分析结果,通过数据、技术、人、设备和管理方式的革新,增加商品品种、减少生产批量,形成柔性化的供应链系统。由于电子商务能有效推动产销信息透明,促进生产与需求紧密连接,促进制造企业生产系统更柔性化、个性化,快速响应市场,因而电子商务在智能制造战略实施过程中的作用将日益凸显。

智能制造实现的主要途径是信息化与工业化深度融合,电子商务作为制造企业信息化重要手段,必将对制造企业的生产方式、产业形态、商业模式发生重大影响。在智能制造实施过程中,制造企业产业价值链将重塑,而电子商务必将成为其中重要一环,发挥着重要作用,电子商务应用空间将进一步拓宽,如图3-1所示。

在工业4.0、《中国制造2025》战略背景下,作为全国制造业大市的苏州正积极利用互联网实现制造业的升级转型与跨越发展,苏州科沃斯、沙钢集团、波司登集团等一批传统规模优势企业正努力推进电子商务应用水平,电子商务应用范围进一步向制造业延伸,如表3-1所示。

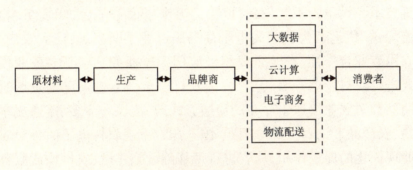

图3-1　智能制造产业价值链

表3-1　苏州较为典型的制造企业电子商务应用

企业名称	应用概况	取得业绩
苏州科沃斯电器有限公司	入驻淘宝、京东、亚马逊、当当等十多个知名电商平台,目前已形成以"实体店体验+在线订购"为特色的线上线下服务体系	2015年"双11"当天,科沃斯品牌网络销售额达3.15亿元,夺得淘宝生活电器类目销量冠军
苏州沙钢集团	自主研发玖隆电子商务平台"玖隆在线",实现了从制标、发标、投标到定标及审批的全过程计算机系统管理,2014年正式上线	目前,"玖隆在线"注册用户已达9000余家,电子商务促进了沙钢集团的成本节约、效率提升
波司登集团	2008年波司登淘宝官方旗舰店开业,2009年自主研发的波司登电子商务ERP系统正式上线,目前形成产品订制、在线销售等高效反映网络订单的系统	2014年全年,公司实现网络销售4.67亿元。2015年"双11",品牌旗舰店单店销售突破1.22亿元,全网销售突破2.06亿元

资料来源:根据苏州电子商务协会及互联网公开资料整理而得

在传统制造企业实施电子商务过程中,必将带动电子商务相关UI(User Interface,用户界面)设计、美工、代运营、教育培训等服务业的发展,苏州电子商务应用空间将进一步拓宽,相关产业必将迎来进一步发展的机遇。

二、农村电商发展前景广阔

随着物联网、大数据、移动商务、冷链物流、网络安全与支付等技术与设备的不断创新,以第三方电子商务平台、IT服务、物流配送、代运营为代表的电子商务服务业不断兴起,广大农户、农民专业合作社、农业企业积极应用电子商务这一新兴商业模式进行农村产业升级转型,我国农村电子商务进入蓬勃发展时期。针对农业流通中存在的流通方式旧、流通环节多、流通成本高、农产品产销对接难等问题,国家非常重视农村电子商务对农业现代化的促进作用,从农村宽带基础设施建设、农村物流服务体系构建、农产品批发市场信息化提升、电子商务进农村的综合示范县创建等方面密集出台了大量的扶持政策,详见表3-2所示。

表3-2 农村电商相关政策文件

发布时间	发布单位	文件名称	相关内容
2015年10月31日	国务院办公厅	《国务院办公厅关于促进农村电子商务加快发展的指导意见》	包括加强政策扶持、大力培养农村电商人才、加快完善农村物流体系等7项促进措施,包括积极培育农村电子商务市场主体等3项重要任务
2015年9月25日	农业部、发改委、商务部	《推进农业电子商务发展行动计划》	提出了发展农业电子商务的指导思想、基本原则、总体目标,并明确了5方面重点任务和20项行动计划
2015年8月21日	商务部等19个部委	《关于加快发展农村电子商务的意见》	针对目前农村电子商务发展中存在的问题,确定了农村青年电商培育工程、"快递向西向下"服务拓展工程等5项重点工作

续表

发布时间	发布单位	文件名称	相关内容
2015年5月15日	商务部	《"互联网+流通"行动计划》	推动电子商务进农村,力争在1~2年内,在全国创建200个电子商务进农村的综合示范县
2015年5月7日	国务院	《关于大力发展电子商务加快培育经济新动力的意见》	加强鲜活农产品标准体系等建设,大力发展农产品冷链基础设施,鼓励电子商务平台服务"一村一品"
2014年	财政部、商务部	实施"电子商务进农村"计划	实施"电子商务进农村"计划,在全国选择部分地区开展电子商务进农村示范
2014年1月	中共中央、国务院	《关于全面深化农村改革加快推进农业现代化的若干意见》	加强农产品市场体系建设,完善鲜活农产品冷链物流体系,推进农产品现代流通综合示范区创建,加强农产品电子商务平台建设

资料来源:根据各部委网站公开资料整理而得。

在国家大力扶持农村电子商务的同时,阿里巴巴、京东、苏宁等大型电商企业也非常重视农村电商市场发展前景,纷纷布局农村电商市场,具体情况见表3-3所示。

表3-3 电商龙头企业布局农村电商市场情况

企业	简介	投资	体系	预计规模
阿里巴巴	将启动"千县万村计划",要在今后几年推动农村线下服务实体建设,将其电子商务的网络覆盖到全国三分之一强的县以及六分之一的农村地区	100亿元	县有运营中心+村有服务站+农村物流的运营体系和服务体系	服务全国的1000个县,100000个行政村
京东	以农村物流配送服务为核心,打造市场营销、物流配送、客户体验和产品展示四位一体服务模式	10~12亿元	县级服务中心和"京东帮"服务店	1000家县级服务中心、全国约10000家农村信息服务站、100000家农村代理

续表

企业	简介	投资	体系	预计规模
苏宁	推进"物流云"项目,推进省内干线建设专项工作,目前已经在14个大区完成22条省内干线建设	100亿元	区域物流中心+城市配送中心+乡镇服务站	12个自动化分拣中心、60个区域物流中心、300多个城市配送中心、5000个社区配送站、10000个类似的乡镇服务站
国美	以112.68亿港元收购艺伟发展有限公司的全部发行股本,以延展二、三级城市电商的布局	112.68亿元	产品采取定制模式,重点投放在三、四级城市	收购的578家门店多数位于二、三级城市,门店数将增至1714个,覆盖城市提高到436个

资料来源：根据有关企业年报、企业领导人发言整理而得,部分数据根据有关数据估算。

  苏州既是传统的农业大市,也是江苏城乡一体化改革试点城市、国家级农村改革试验区、城乡发展一体化综合改革试点城市,苏州市委、市政府以科学发展为主题、转变农业经济发展方式为主线,积极推进电子商务与现代农业的融合发展。与浙江义乌、浙江遂昌、甘肃成县等地类似,近年来,苏州农村电子商务发展迅速,有效地促进了县域经济的发展,相关情况见表3-4所示。截至2015年年底,昆山市大市村、太仓市泰西村、相城区消泾村、常熟市颜巷村、相城区张庄村、相城区庄基村6个村为电子商务产业发达的"淘宝村",苏州吴江区松陵镇北横村、吴中区金庭镇秉常村、相城区阳澄湖镇消泾村3个村为江苏省农村电子商务示范村。2015年,苏州全市范围内阳澄湖大闸蟹养殖经营户多达数千家,其中70%以上网上开店或有通过网络进行销售的经验,2015年阳澄湖大闸蟹网上零售额超过5.3亿元,同比销售增长100%以上,其中苏州三湖大闸蟹有限公司、苏渔水产有限公司等6家企业年网络销售额达1000万元以上。2015年,苏州拥有农家乐旅游独立网站10000多个,在淘宝、京东等第三方电子商务平台开设的店铺有 300 多家,通过同程旅游网、携程网等第三方旅游电子商务平台提供门票、餐饮、酒店预订服务,由电子商务直接或间接实现的线上与线下交易额达 60 多亿元。广阔的市场需求、雄厚的产业基础、良好的政策环境,使得苏州农村电子商务商机无限,必将带动苏州电子商务产业整体发展。

表 3-4　全国典型农村(县域)电商发展概况

地区	发展概况	主要特色
浙江义乌	2014 年以来,注册地在义乌的淘宝、天猫、京东等平台卖家账户近 10 万个,超过义乌实体商户数量(7 万家左右);电子商务交易规模达到 856 亿元,交易额超过实体市场	淘宝等平台卖家超实体商户数量,电子商务交易规模超实体市场
浙江遂昌	政府高度重视农产品电商发展,电商交易额达1.5亿元,淘宝、天猫等电商平台上经营农产品的卖家数量近 40 万个,主要模式为"协会+公司""地方性农产品公共服务平台""赶街——新农村电子商务服务站"	政府大力扶持,电商协会在其中起重要推动作用
甘肃成县	建设了电商产业孵化园、成县顺通物流园区、农产品(核桃)交易中心、淘宝"特色中国·陇南馆",线上销售产品由最初的成县核桃扩大到 20 多类近 80 个规格的陇南农特产品,累计实现线上线下销售近 2000 万元,农民人均增收 360 元	县委书记一把手工程,集中全县人力、物力进行微媒体营销
苏州县域	农村电子商务产业发达,拥有昆山市大市村、太仓市泰西村、相城区消泾村等 6 个淘宝村,吴江区北横村、吴中区秉常村、相城区消泾村 3 个村为江苏省农村电子商务示范村	市场需求广阔,产业基础雄厚,政策环境良好,市场前景广阔

资料来源:根据阿里研究院以及互联网公开资料整理而得

三、跨境电商享有先行先试政策红利

近年来,随着外贸形势日益严峻,传统外贸模式存在着对传统销售依赖程度高、订单周期长、利润低等一系列不足,制约着企业进出口贸易的发展。而跨境电商在"跨境交易"与"电子商务"双引擎的拉动下,以小批量、多批次的"碎片化"特点有效减少了国际贸易中间环节与商品流转成本,大大增加了企业获得利润的空间及为消费者提供优惠的可能,为我国经济发展提供了新动力。

由于跨境电商优势显著,近年来在国内显示出巨大的市场前景。PayPal&Ipsos 发布的《2015 年全球跨境贸易报告》显示,中国网购消费者海淘比例,2014 年为 26%,2015 年为 35%,且中国将成为全球最大的跨境电商市场。咨询机构艾瑞调研分析,2008—2013 年我国跨境电商交易规模不断扩大,年增长率达 25%以上,2016 年我国跨境电商交易规模将达 6.5 万亿元。

国家高度重视跨境电商业务发展,自 2008 年以来政策红利不断,扶持力度不断加大。2008—2012 年国家陆续发布《关于利用电子商务平台开展对外贸易的若干意见》等 10 项相关政策,涉及监管、支付结算及试点等方面。2013 年以来,国家扶持政策密集,其中发布了《关于进一步促进电子商务健康快速发展有关工作的通知》等 10 余项政策,政策主要集中在出口方面,向实施层面推进,详见表 3-5 所示。

表 3-5　近年来出台的主要跨境电商政策

时间	部门	发文字号	名称
2015 年 5 月 12 日	国务院	国发〔2015〕9 号	《国务院关于加快培育外贸竞争新优势的若干意见》
2015 年 1 月 20 日	国家外汇管理局	汇发〔2015〕7 号	《关于开展支付机构跨境外汇支付业务试点的通知》
2014 年 7 月 23 日	海关总署	总署公告〔2014〕56 号	《关于跨境贸易电子商务进出境货物、物品有关监管事宜的公告》

续表

时间	部门	发文字号	名称
2014年5月	国务院办公厅	国办发〔2014〕19号	《关于支持外贸稳定增长的若干意见》
2014年3月	海关总署	加急署科函〔2013〕59号	《关于跨境贸易电子商务服务试点网购保税进口模式有关问题的通知》
2014年3月4日	海关总署	署科函〔2013〕59号	《跨境电子商务服务试点网购保税进口模式问题通知》
2014年2月20日	中国人民银行上海总部	银总部发〔2014〕22号	《关于支持中国(上海)自由贸易试验区扩大人民币跨境使用的通知》
2013年12月30日	财政部 国家税务总局	财税〔2013〕96号	《关于跨境电子商务零售出口税收政策的通知》
2013年8月21日	国务院办公厅	国办发〔2013〕89号	《关于实施支持跨境电子商务零售出口有关政策的意见》
2013年7月	国务院办公厅	国办发〔2013〕83号	《关于促进进出口稳增长、调结构的若干意见》
2013年2月7日	国家税务局	国家税务总局令第30号	《网络发票管理办法》
2012年3月	商务部	商电发〔2012〕74号	《关于利用电子商务平台开展对外贸易的若干意见》

资料来源：根据各部委网站公开资料整理而得

苏州发展跨境电商的产业基础非常雄厚，近年来苏州进出口贸易无论是总量还是综合竞争力在全国均排名前列。2014年苏州实现进出口总额3113.1亿美元，约占江苏省六成。据《中国海关》杂志发布的2014年度"中国外贸百强城市"名单，苏州市综合得分77.2分，名列全国第3。

得益于苏州良好的跨境电商发展基础,国家高度重视苏州跨境电商的发展,苏州跨境电商发展具有先行先试的政策优势。2013年海关总署同意苏州开展跨境贸易电子商务服务"一般出口"模式试点,成为继重庆、杭州、上海、郑州、宁波之后的第6个试点城市,见表3-6所示。2014年以来,国务院陆续批复同意在苏州工业园综合保税区开展调整相关税收规定促进贸易多元化试点及开展保税商品展示交易、跨境电子商务进出口等业务。2015年5月,苏州工业园区海关核发了贸易功能区第一本电子账册,率先在跨境电商政策管理制度方面做出创新,将有效整合海关、商检、电子商务服务业、物流仓储、保税金融等资源,形成跨境电商产业集聚。

表3-6　中国电子商务试点城市批复情况

批次	批准时间	试点城市	审批单位
试点启动期	2012年	郑州、上海、重庆、杭州、宁波5个城市	海关总署
全面铺开期	2013—2014年	苏州、广州、深圳、青岛等10多个城市	海关总署

资料来源:根据各部委网站公开资料整理而得

良好的产业基础与先行先试的政策优势,一方面必为苏州企业尤其是中小企业打开另一个通向国际市场的通道,另一方面还将延伸电商行业产业链,实现线上线下业务互动、上下游配套衍生服务充分整合,从而促进苏州电子商务产业整体水平提升。

四、互联网金融产业潜力巨大

2013年11月,《中共中央关于全面深化改革若干重大问题的决定》首次从政策层面提出大力发展普惠金融,文件指出"鼓励金融创新,丰富金融市场层次和产品,发展普惠金融"。随着"互联网+"时代的来临,大数据、云计算等技术应用使得社会大众参与金融服务的门槛迅速降低,网上银行、互联网支付、

P2P网贷、众筹、移动支付、网络理财、网络保险产品等互联网金融业务也日趋活跃,快速便捷的互联网金融使我国普惠金融的实现有了充分的可能。

近年来,我国互联网金融业务呈现爆炸式增长,2014年我国互联网金融交易规模及增长比例较以前有了大幅提升,见图3-2所示。

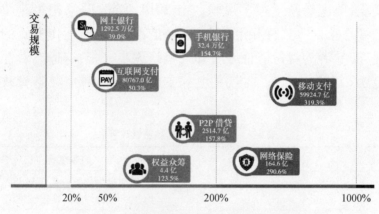

图3-2　2014年我国互联网金融交易规模及增长比率

数据来源:艾瑞咨询:《中国互联网金融发展格式报告(2015年)》

我国互联网金融行业发展快速,主要源自以下原因:

一是从资金需求方面,传统的金融机构无法满足长尾需求。我国金融业长期存在一个现象——门槛较高,导致大多数的农村乡镇、贫困人群和小微企业的金融需求都无法得到有效满足。目前我国有4万个乡镇、40万个村庄和7.5亿农村人口,蕴含的金融需求以百万亿元计;另外,我国目前小微企业数量已突破4000万,其蕴含的金融需求也有十万亿以上。

二是从资金供给方面,供给资金充分。近年来我国居民财富收入大幅增长,2013年年底我国个人持有可支配资产达92万亿元,2013年超过30%的消费者会将收入的20%以上投入储蓄,大大超过发达国家10%的比例。

三是从交易技术来看,交易渠道日渐健全。大数据、云计算、移动互联网、垂直搜索引擎技术的逐步成熟,衍生了大量的P2P、众筹、保险等网络交易平台或工具,有效地促进了互联网金融的发展。

2013年被称为中国"互联网金融元年",各类互联网支付、P2P网贷、众筹、移动支付、网络理财等互联网金融业务有了迅速发展,但也暴露了很多风险。自2014年起,国家相关法律规定和管理条例等文件相继出台,企业的准入标准、运作方式的合法性、交易者的身份认证等管理规范将逐步完善,这标志着互联网金融"新监管常态"时代的到来。相关互联网金融监管政策见表3-7所示。

表3-7 相关互联网金融监管政策

发布时间	发布机构	行业类别	政策名称
2015年12月28日	央行	网络借贷	《网络借贷信息中介机构业务活动管理暂行办法(征求意见稿)》
2015年7月31日	央行	网络支付	《非银行支付机构网络支付业务管理办法(征求意见稿)》
2015年7月18日	央行等	互联网金融	《关于促进互联网金融健康发展的指导意见》
2014年12月18日	证券业协会	众筹	《私募股权众筹融资管理办法(试行)》(征求意见稿)
2014年12月10日	保监会	互联网保险	《互联网保险业务监管暂行办法(征求意见稿)》
2014年4月15日	保监会	互联网保险	《关于规范人身保险公司经营互联网保险有关问题的通知(征求意见稿)》
2014年4月9日	央行与银监会	第三方支付	《关于加强商业银行与第三方支付机构合作业务管理的通知》
2014年3月15日	央行支付结算司	第三方支付	《关于暂停支付宝公司线下条码(二维码)支付业务意见的函》

资料来源:根据各部委网站公开资料整理而得

苏州作为经济发达地区,市场资金供求两旺,良好的市场环境为互联网金融业的发展提供了契机。近年来,苏州在互联网金融方面积极创新、先行先试,取得了一定的成效,见表3-8所示。在今后相当长的时期内,苏州经济将以转变发展方式、转型升级为主线,建设内需型、消费型、服务型、创新型、低耗型和环保型经济。在这个过程中,许多新兴经济活动将迅速发展,这些经济活动会对金融服务提出更多、更细、更新、更专业和更有针对性的市场需求,给互联网金融创新提供更大的市场机遇,苏州互联网金融产业必将迎来一个高速发展期。

表3-8　苏州典型的互联网金融平台

互联网金融平台	所属企业	简介
小苏帮客	苏州银行	银行系创建的P2P网络平台,面对小微企业、市民百姓提供"助企贷""工薪贷""乐业贷""房易通""市民易借"等产品服务
优袋金融	苏州优袋金融信息服务有限公司	属于企业投资创办的P2P网络平台,网络借贷采用质押或抵押模式,为借贷双方提供借款信息、风险控制、贷后管理、理财等一站式服务
苏州钱袋	苏州汇方融达网络科技有限公司	是企业投资的P2P网络平台,专注于为中小微企业及个人提供投融资服务,其产品有企业经营贷、太湖农圈贷、商圈贷等
中国中小企业联合金融服务平台	苏州铭星科技有限公司	平台在省、市、区(园区)三级政府三次立项和拨款支持下建成,平台与征信机构、会计师事务所、会计服务机构、咨询机构、"互联网+"等结成合作伙伴,形成互联网金融服务联盟,为合作伙伴切入互联网金融创造条件,也为中小企业融资提供一站式服务
赛富互联网金融孵化器	苏州赛富科技有限公司	孵化器为国内领先的互联网供应链金融风控平台,也是苏州首个互联网金融领域孵化器,其功能为整合金融上下游资源,为客户提供大数据征信、众筹、大数据金融等综合化服务

资料来源:根据平台网站及网络公开资料整理而得

五、移动互联网时代 O2O 市场成蓝海

当前,随着移动互联网技术与智能手机的发展,PC 端互联网已日渐饱和,而移动互联网正在蓬勃发展,世界迎来了移动互联网时代。国际电信联盟公布,2014 年全球已有 68 亿手机用户,达世界人口总量(71 亿)的 95.8%;世界通信大会发布的《移动经济 2015》报告分析,全球移动宽带(3G+4G)通信用户比例已达 40%,预计到 2020 年将增至约 70%。据中国信息通信研究院公布资料,2015 年 7 月底,我国移动宽带用户(3G+4G)达到 6.95 亿户,占总人口比例超过 50%。

伴随着移动互联网应用的快速普及,与人们最为密切的生活服务领域也不断与移动互联网相结合,本地生活服务 O2O 领域持续火爆,成为电子商务市场未来蓝海。自 2010 年以来,我国 O2O 市场高速发展,年均增长率达 30%,2014 年市场规模达 2350 亿元,市场渗透率达 4.4%,本地消费者规模达 40%,预计到 2017 年将达 4545 亿元,市场渗透率达 6.2%,本地消费者规模达 47%,见图 3-3、图 3-4 所示。

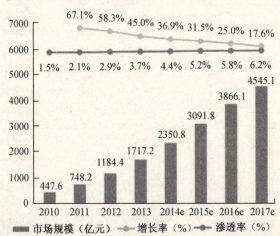

图 3-3 2010—2017 年中国本地生活服务 O2O 市场规模及渗透率
数据来源:艾瑞咨询:《中国企业 O2O 化服务模式研究报告(2015 年)》

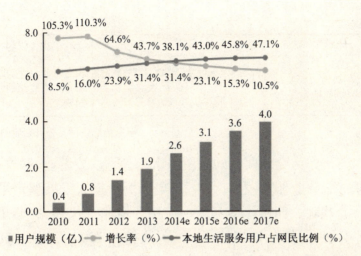

图3-4　2010—2017年中国本地生活服务O2O消费者规模及渗透率

数据来源：艾瑞咨询：《中国企业O2O化服务模式研究报告（2015年）》

由于O2O市场持续火爆，2015年政府非常重视并不断推出政策以引导与支持O2O发展。2015年3月5日，李克强总理在政府工作报告中首次提出"把线上线下互动的新兴消费搞得红红火火"，表明了政府对O2O电子商务的信心与支持态度。随后，国务院发布《关于推进线上线下互动，加快商贸流通创新发展转型升级的意见》等一系列政策文件，引导传统企业进行O2O化，见表3-9所示。

表3-9　相关O2O电商政策与文件

时间	部门	名称	相关内容
2015年3月5日	国务院	《2015年国务院政府工作报告》	把以互联网为载体、线上线下互动的新兴消费搞得红红火火
2015年5月4日	国务院	《国务院关于大力发展电子商务加快培育经济新动力的意见》	通过线上线下融合，推动传统商贸流通企业发展电子商务

续表

时间	部门	名称	相关内容
2015年9月18日	国务院办公厅	《关于推进线上线下互动,加快商贸流通创新发展转型升级的意见》	线上线下结合,促进传统商贸流通业创新发展领域

资料来源:根据各部委网站公开资料整理而得

　　苏州作为全球闻名的旅游城市,交通业、旅游业、餐饮业、酒店业等服务业非常发达,为O2O电子商务模式发展奠定了良好的产业基础。苏州移动互联网应用环境非常优越,据苏州互联网协会统计,截至2014年3月,苏州拥有1200万网民,其中移动互联网用户占90%以上,移动互联网用户群大;全球著名的移动互联网调研机构艾媒咨询《2015中国移动互联网城市竞争力调查报告》研究显示,中国移动互联网产业城市竞争力受城市竞争实力、资本实力、行业人才、产业配套设施、政策及产业集群、产业氛围、网民规模等因素影响,苏州入围中国十大城市,排名第9。另外,苏州在家庭服务、家装、餐饮等各领域均建有本地O2O交易平台,大众点评网等全国性O2O平台均在苏州开展业务。可以预见,未来几年苏州O2O市场必将迎来蓝海时代。

第二节　挑　战

　　开放、创新、融合是区域电子商务产业发展永恒的主题。在"互联网+"时代,苏州电子商务产业在迎来重大发展机遇的同时,也面临着亟待解决的问题与挑战。

一、产业生态体系需进一步完善

　　完善的产业生态体系是电子商务产业发展的关键要素,也是电子商务产业竞争能力的主要体现。健全的电子商务产业生态体系从构成上来看,包括基础设施服务、第三方平台服务、公共服务、衍生服务四个部分;从内容上来看,包括大数据/云计算、物流配送、金融信贷、人才培训、平台对接、IT外包、代运营等,见图3-5所示。

近年来,由于苏州政府重视、行业协会扶持,电子商务服务业发展迅速,苏州金枫电子商务产业园、常熟昆承湖纺织服装电子商务产业园等产业园区纷纷加强投融资、大数据、产学研等服务投入,阳澄湖大闸蟹网络销售已形成了质量认证、网络推广、代运营、产品包装、冷链配送等一套完整的电子商务产业链,苏州电子商务生态体系较以前有了很大的发展,见表3-10所示。

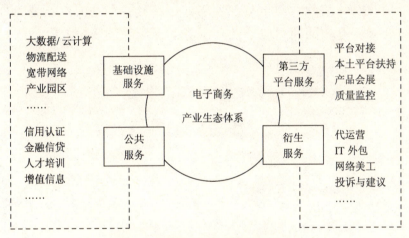

图3-5　电子商务生态体系框架图

表3-10　苏州相关电商园区(产品)服务概况

名称	电子商务服务概况
苏州金枫电子商务产业园	包括投融资服务平台、产学研合作平台、网络营销实验室、互联网数据中心四大公共服务平台
常熟昆承湖纺织服装电子商务产业园	包括常熟服装在线、中国常熟男装指数、常熟中纺联检测中心、节庆会展策划、常熟服装城国际贸易服务中心、中国男装设计交易中心六大平台

续表

名称	电子商务服务概况
东方丝绸市场	绸都网组建集外贸接单、报关、出关、运输、金融等功能于一体的外贸电子商务平台,服务丝绸市场
阳澄湖大闸蟹网络销售	政府、行业协会深度参与,作用明显,农产品供应商、网商、电子商务服务商分工明确,已形成了质量认证、网络推广、代运营、产品包装、冷链配送等一套完整的电子商务产业链

但不可忽视的是,与杭州、深圳等电子商务发展水平较高的城市相比,苏州电子商务产业生态体系仍不完善,还有很大的提升空间。主要表现为目前苏州的电子商务服务还不能很好地满足企业电子商务转型中对人才培训、金融信贷、物流配送等方面的需求。苏州网商对电子商务服务的需求见图3-6所示。

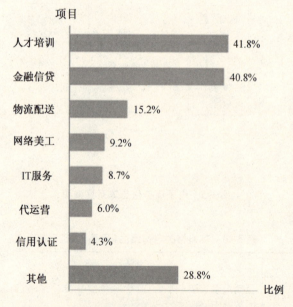

图3-6　2015年苏州网商对电子商务服务需求分析

数据来源:苏州电子商务协会

因此,未来苏州电子商务发展的一大挑战为在"互联网+"

时代，政府如何更有效地打造健全的电子商务产业生态体系，努力提升电子商务服务业水平，为广大企业提供优质、便捷的电子商务服务。

二、物流成本控制需进一步增强

通过对苏州电子商务发展现状调研发现，目前物流成本居高不下是制约电子商务发展的一个重要瓶颈，严重影响着电子商务企业持续稳定发展。其主要原因主要包括三个方面，如图3-7所示。

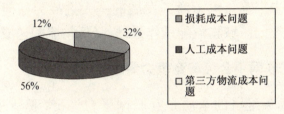

图3-7　2015年对苏州网商物流成本的调研结果

数据来源：苏州电子商务协会

一是冷链流通率低，损耗成本高。我国冷链流通率处于初级发展水平，相关资料显示，2013年我国果蔬、肉类产品冷链流通率为5.0%和15%，水产品冷链流通率相对高一些，也仅为23%，而发达国家平均水平已接近100%，显然与发达国家差距很大。从2014—2015年苏州电子商务配送情况来看，阳澄湖大闸蟹采用了冰块包装技术，基本上能实现冷链物流，其他农产品由于冷链物流系统不完善，流通损耗率高达25%至30%，某些特殊农产品如杨梅等由于冷藏保温要求高，基本上无法实施电子商务。从现实情况来看，苏州大部分生鲜农产品仍在常温下流通，跟欧美发达国家冷链流通水平差距较大。

二是工资水平提升，物流人工成本逐年提高。电子商务物流配送具有区域分散、小批次、多品种的特征，对配送人员需求量很大。近年来由于劳动力成本逐年提高,苏州电子商务配送成本逐年递增。苏州电子商务协会统计显示,2013年苏州配送人员每人每天工资为80~100元,2015年为120~150元,平均上涨50%。逐年提升的人工成本提高了电子商务企业运营成本,在一定程度上制约了苏州电子商务产业发展。

三是业务量增大,第三方物流配送成本高。电子商务"双11""双12"销售占企业销售额比重很高,部分企业比重甚至达到60%以上,大量商品集中配送,导致第三方物流配送公司纷纷提高配送费用,电子商务企业运营成本上升,利润很低。

因此,未来苏州电子商务发展的一大挑战为如何有效整合资源,统筹规划区域物流配送体系,以降低物流配送成本。

三、互联网平台经济竞争力需进一步提升

电子商务经济的本质是互联网平台经济,亚马逊、阿里巴巴、京东等平台经济企业市场占有率高、资源整合能力强,辐射带动了整个区域经济的发展。从苏州互联网平台经济发展现状来看,无论是平台经济企业还是平台经济集聚区的经济规模、竞争力、辐射能力等,都与杭州、深圳等城市有一定的差距。

从苏州平台经济企业来看,苏州本土龙头企业不断壮大,见表3-11所示。2014年同程网络科技股份有限公司先后获得腾讯和携程累计近20亿元人民币的投资,发展规模与品牌影响力进一步扩大。2015年9月16日,常熟服装城在中国社科院财经战略研究院发布的第九届"中国商品市场百强"榜单上排名全国第3,"网上网下融合市场"榜单上常熟服装城与焦点科技合作建设的常熟服装在线排名全国第3,绸都网排名第5。但与杭州、深圳等城市相比,苏州平台经济龙头企业规模普遍不大,影响力较小,而且行业分布较为分散,缺少像阿里巴巴这样的领军

企业的辐射带动。

表 3-11　苏州影响力较大的平台经济企业

企业名称	平台名称	平台类型	平台简介
同程网络科技股份有限公司	同程网	旅游电商平台	全球第三大旅游平台,目前已发展为拥有1300名员工、月营收过千万的全球第3大旅游网站,是国家级电子商务示范企业,也是苏州地区最大的电子商务企业
吴江绸都盛泽电子商务信息有限公司	绸都网	化纤电商平台	是吴江东方丝绸市场的平台经济服务企业,是国家级电子商务试点企业
江苏中服焦点电子商务有限公司	常熟服装在线	服装 B2B 电商平台	常熟服装城与焦点科技合作建设,在 2015 年中国社科院发布的"网上网下融合市场"榜单上排名第 3
苏州淘豆食品有限公司	淘豆网	休闲食品电商平台	专业的网购平台,提供各种品牌商品,主要是休闲食品销售,2014 年在线销售额达 3 亿元
江苏随易信息科技有限公司	食行生鲜	农产品电商平台	人性化的"智能菜柜"模式,与政府认证的苏州优质农产品基地合作,打造集种植、分拣、包装、配送于一体的全产业链电子商务模式

资料来源:苏州电子商务协会及由互联网公开资料整理

　　平台经济集聚区是在一定的地理空间范围内,在龙头平台企业辐射与带动下,以产业链资源整合为基础,以技术创新为驱动,各参与主体通过一定的工作机制相互影响与作用组成的技术创新网络系统。互联网平台经济集聚区通过运用移动互联网、大数据等技术合理配置资源、优化整合产业链,形成集群式协同效应,促进传统产业升级转型,形成明显的比较优势。比较典型的互联网平台经济集聚区是东方电子商务产业园(杭州网商园),它由阿里巴巴"淘宝城"辐射带动,形成完整的电子商务产业生态体系,集群效应明显。从 2015 年苏州主要平台经济集聚区发展现状来看,苏州平台经济集聚区的规模、产值、集聚能力等均有较大提升空间。苏州主要互联网平台经济集聚区状况见表3-12所示。

表3-12 苏州主要互联网平台经济集聚区

集聚区名称	主要产业	龙头企业	依托平台	集聚区概况
苏州金枫电子商务产业园	电子商务、互联网增值服务、物联网技术和软件应用	江苏仕德伟科技股份有限公司	阿里巴巴、百度、慧聪等	国家级电子商务示范基地,面积近5万平方米,形成了包括投融资服务平台、产学研合作平台、网络营销实验室、互联网数据中心等在内的公共服务平台,2014年园内企业产值达10亿元
吴江东方丝绸市场	纺织产业	绸都网	绸都网(苏州本土)、阿里巴巴、淘宝等	市场总面积超过4平方千米,云集了7000多家纺织品公司和商行,2014年绸都网平台自营与撮合交易共80多亿元
常熟昆承湖纺织服装电子商务产业园	纺织服装产业	常熟市超调服饰贸易有限公司、江苏诚展网络科技有限公司	常熟服装在线(苏州本地)、淘宝等	江苏省电子商务示范基地,目前园区经营面积2.5平方米,入驻电子商务企业与服务商100多家,延伸服务商家有数千家,2014年产业园内电商交易额近5亿元
苏州阳澄湖数字文化创意产业园	文化创意产业	紫光数码、中纸在线等	阿里巴巴、淘宝等	国家级基地,2012年开始建设,总规划面积约465亩,分A、B区建设,总投资30亿元,2014年互联网与电子商务交易额达20亿元

资料来源:苏州电子商务协会及由互联网公开资料整理

因此,未来苏州电子商务产业发展的一大挑战为如何依托先进制造业、信息产业和总部经济的传统优势,大力支持苏州本土综合实力强、发展潜力大的平台企业成长壮大,努力培育集聚程度高、规模效应明显的平台经济集聚区。

四、企业商业模式创新需进一步加强

近年来,苏州电子商务快速发展的一个重要原因就是网商间简单相互模仿、细胞裂变式快速复制,而电子商务商业模式与技术创新严重不足。第一个网商的创业成功会引起其他企业或个人的追随,并为新网商创造了机会,减小了他们的进入风险,使得网商的群体扩大。在领军网商的示范效应下,电子商务这一新鲜事物的商业模式会引发群体关注、模仿,产生一系列营销模式类似的模仿网商。

同质化的销售模式也带来了诸多负面效应,创新不足、盲目跟风的背后隐患很多。以苏州农产品电子商务为例,2015年阳澄湖大闸蟹网上销售,由于同质化销售现象严重,市场竞争混乱,网商们为了扩大销量,一方面不断压低价格进行市场推广,使得整个阳澄湖大闸蟹市场的价格一降再降;另一方面通过百度竞价等方式进行市场推广,导致营销成本不断上升,最终缩减了利润空间,个别网商甚至以次充好,结果产品质量整体下滑。同质化销售模式不但导致网络市场恶性、无序竞争,而且严重影响了阳澄湖大闸蟹品牌的信誉,甚至会导致整体品牌地位丧失。苏州农业网商主要营销模式见表 3-13 所示。

表 3-13 苏州农业网商主要营销模式

营销模式	第三方平台	主要产品或服务
B2B	阿里巴巴、慧聪	茶叶批发
B2C	京东、天猫等	阳澄湖大闸蟹、碧螺春茶
C2C	淘宝	阳澄湖大闸蟹、碧螺春茶
O2O	自建平台	农家乐旅游、生鲜农产品
团购	大众点评网等	各种都有
自建网站+百度推广	百度	农家乐旅游

资料来源:苏州电子商务协会及由互联网公开资料整理

因此，未来苏州电子商务发展的一大挑战为如何通过有效激发电子商务企业进行商业模式创新，以降低企业的经营成本，提升盈利空间。

五、政府管理服务机制需进一步创新

"互联网+"是我国经济发展新常态下的现实选择，是创新驱动发展的重要引擎和大众创业、万众创新的重要渠道。在"互联网+"时代，智能制造、互联网金融、跨境电商等新生事物不断涌现，使传统的制造方式、流通方式、创新方式发生骤变，政府管理服务的对象、环境、形式与职能也随之改变。因此，未来苏州电子商务发展的一大挑战就是政府如何根据电子商务发展环境变化，与时俱进，及时用"互联网+"的思维创新政府管理服务机制，不断探索提升政府服务品质和管理效能。

在"互联网+"时代背景下，苏州政府管理服务机制创新面临的主要挑战有三点：

一是如何提供快速、高效、多样性、人性化、弹性化的服务。"互联网+"时代不断涌现的电子商务新技术、新产业、新模式、新业态，使政府管理的对象、职能、环境发生颠覆性变化，提供高效、便捷、优质的服务成为"互联网+"时代对政府管理服务提出的新要求。

二是如何有效进行电子商务产业规划与扶持。纵观杭州、深圳、成都等城市，均根据产业发展需求及时地对区域电子商务产业发展进行了有效的规划与扶持。在电子商务人才引进方面，目前苏州引用的还是 2010 年《关于进一步推进姑苏人才计划的若干意见》，而杭州则不断推陈出新，2014 年杭州推出了《西湖区关于引进海内外优秀创业创新人才"325"计划实施意见》，2015 年 1 月杭州推出了《杭州市高层次人才、创新创业人才及团队引进培养工作的若干意见》。在发展信息经济与电子商务方面,苏州工业园区 2014 年发布了《关于苏州工业园区推动云计算产业培育发展的若干意见》,而杭州则更为系统、全面,2013 年杭州市政府发布了《关于进一步加快信息化建设推进信息产业发展的实施意见》,2014 年浙江省政府发布了《浙江省人民政府关于加快发展信息经济的指导意见》,2014 年余杭区也发布了《关于加快发展信息经济的实施意见》。

三是如何加强政府在电子商务安全交易方面的管理。在电子商务交易中,由于法律法规监管处于"真空"状态,因此不可避免地出现非法经营活动以及销售假冒伪劣商品、发布虚假欺诈信息、用户信息泄密等行为,影响着苏州电子商务良性、健康发展。这就要求政府能根据实际需要及时优化与完善相关法规与政策,打击非法经营行为,保障市场规范有序发展。

从全球历次科技变革和技术革命发展过程中可以看到,每一次变革都会对政府管理提出新的要求,在"互联网+"时代背景下也不例外。苏州市政府及各级部门应与时俱进,加强管理理念、职能与方法的整合与创新,以提升政府的综合管理效率和管理水平。

第四章　苏州电子商务发展对策与建议

电子商务是促进传统产业转型升级、促进经济增长方式转变、形成现代产业体系的强劲动力。"十二五"期间，苏州市各地紧紧抓住创建国家电子商务示范城市的有利契机，依托先进的制造业、发达的开放型经济和繁荣的商贸流通业，充分发挥政府和企业的两个积极性，积极推动电子商务在苏州各领域的广泛应用。近年来，尽管苏州在促进电子商务发展方面有了一个良好开端，但绝大多数企业只是建立了自己的网站，或者通过阿里巴巴等第三方电子商务平台开展线上业务，电子商务的优势和效益并未得到充分的发挥，苏州市电子商务发展整体情况与南京、杭州、宁波等城市相比还存在一定的差距。在全国电子商务迅猛发展的大形势下，面对不断出现的新机遇、新挑战，"加快推进、加强应用、加速整合"应成为未来一段时间苏州市电子商务发展的主旋律。

第一节　指导思想与基本原则

一、指导思想

以邓小平理论、"三个代表"重要思想、科学发展观为指导，深入贯彻落实党的十八大精神，紧紧抓住苏南现代化建设示范区、苏州工业园区开放创新综合改革试验区、昆山深化两岸产业合作试验区等机遇,以加快推进国家电子商务示范城市建设为抓手,不断创新电子商务发展模式、壮大电子商务产业规模、健全电子商务支撑体系、拓宽电子商务应用领域、优化电子商务发展环境、促进网络与实体经济协调发展,充分发挥电子商务在加快转变经济发展方式、调整优化产业结构、保障和改善民生等方面的促进作用,积极为苏州市社会经济发展做贡献,进一步提升苏州电子商务对苏南乃至全国的示范引领作用和辐射带动能力。

二、基本原则

1. 政府推动、企业主导、优化环境

强化政府统筹规划、政策导向、市场规范和协调推进等职责,建立电子商务工作机制、加强宏观规划、加强基础设施建设、提高服务质量、优化电子商务发展环境,充分发挥企业在开展电子商务应用中的主体作用,建立政府与企业的良性互动机制,促进电子商务行业良性发展。

2. 健全体系、推广应用、加强管理

加强政策法规、信用服务、知识产权保护、标准规范、在线支付和现代物流等支撑体系建设,营造电子商务发展的良好环境。把电子商务作为网络经济与实体经济相结合的实现形式,推广电子商务在社会经济各个领域的应用。抓住电子商务发展的战略机遇,在大力推进电子商务应用的同时,完善电子商务管理体制,加强网络环境下的市场监管,规范在线交易行为,保障信息安全,维护电子商务活动的正常秩序。

3. 发挥优势、突出特色、协调发展

充分发挥苏州的区位优势、产业优势和政策优势,深化电子商务在大宗商品、优势制造业、对外贸易等特色领域的应用,以发展 B2B（企业对企业）交易为重点，同时积极发展 B2C（企业对个人）、C2C（个人对个人）、O2O（线上对线下）以及跨境电子商务、移动电子商务等新型电子商务模式。围绕电子商务发展的关键问题和关键环节，积极开展电子商务试点工作，推进社会经济重点领域的电子商务应用，探索多层次、多模式的苏州特色电子商务发展道路，促进各类电子商务应用的协调发展。

4. 创新驱动、加快发展、示范推广

紧紧抓住苏州开发开放战略机遇，拓展国际视野，积极引进消化和吸收先进技术和经营管理模式。依托苏州市电子商务示范、试点项目建设，鼓励和引导电子商务技术创新、模式创新和服务创新，在电子商务特色领域、重点项目、运营模式等方面打造先行示范和推广效应。

5. 校企合作、动态调整、优化人才

积极推进电子商务人才培养模式的创新，鼓励并支持苏州高校与电子商务服务企业进行人才的联合培养，并根据电子商务发展需求动态调整人才培养的方向和结构，使得电子商务人才培养达到动态化、层次化的要求，达到优化人才结构的目的。

第二节 发展思路

根据《国务院关于积极推进"互联网＋"行动的指导意见》《推进苏南现代化示范区建设实施方案（2013—2020）》《苏州工业园区开展开放创新综合试验总体方案》等有关文件精神，围绕《中国制造2025》战略的新要求，苏州应在现有电子商务发展成效基础上，充分发挥其区位、产业、人文等优势，进一步完善电子商务发展环境、健全电子商务支撑体系、拓宽电子商务应用领域、深化电子商务应用水平、壮大电子商务产业规模、培养电子商务人才等，推动产业转型升级、转变经济增长方式等，实现社

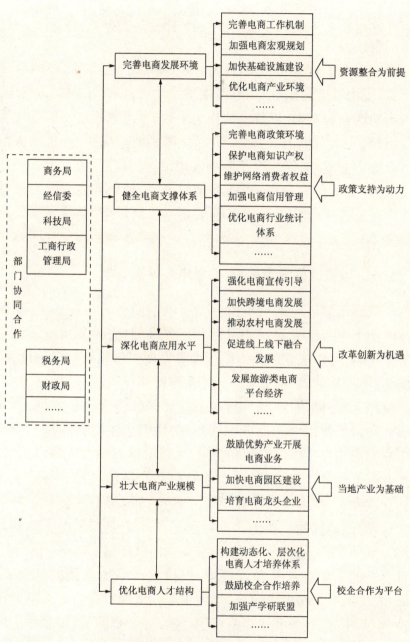

图 4-1 苏州市电子商务发展思路

会经济跨越式发展,进一步增强苏州电子商务的综合竞争力和辐射带动力。

苏州电子商务发展思路为:在苏州政府各部门协同合作下,以资源整合为前提,以政策支持为动力,以改革创新为机遇,以当地产业为基础,以校企合作为平台,重点完善电子商务发展环境,健全电子商务支撑体系,深化电子商务应用水平,壮大电子商务产业规模,优化电子商务人才结构,将苏州建设成发展环境成熟、资源配置合理、产业集聚度高、科技创新能力强的区域性电子商务中心城市和国家电子商务示范城市,具体发展思路如图4-1所示。

一、以资源整合为前提,完善电商发展环境

苏州市政府应进一步出台发展电子商务的指导意见,明确新时期下电子商务发展的目标和任务,同时完善苏州电子商务工作机制,可以成立苏州市电子商务发展工作联席会议制度,明确商务局、经信委、科技局、工商管理局、质量技术监督局、知识产权局、税务局、财政局、银行、公安局等部门为成员单位,共同研究制定苏州市电子商务发展规划,协调解决具体问题。苏州市政府应整合各部门资源和力量,加强网络基础设施建设,加快企业电子商务应用进程等,促使企业将产品信息和服务信息搬到互联网上,并通过政策扶持等手段支持电子商务公共服务平台建设,以最低的门槛为企业特别是中小企业打开电子商务之门。另外,对于农村电子商务,需要全面贯彻落实2016年2月3日召开的国务院常务会议精神,对接农产品加工、农村电商发展、农民消费升级的新需求,加大中心村电网改造力度。政府推动,企业主导,充分利用现有资源,整合社会资源,实现集中式发展,努力完善并优化苏州电子商务发展环境。

二、以政策支持为动力,健全电商支撑体系

苏州在创建国家电子商务示范城市工作中,完善电子商务政策环境是主要任务之一,因为电子商务的发展与政府的大力扶持政策是密不可分的,政府是电子商务的管理者,需要为电子商务的发展营造一个良好的环境,其中适宜的政策环境至关重要。虽然苏州市政府目前已经出台了相关促进电子商务发展的政策,但有必要在现有政策基础上,积极探索制定有利于加快苏州电子商务发展的新政策,一方面积极申请国家政策、技术和资金方面的支持,积极申报国家电子商务专项资金等;另一方面积极推进财税支持、网络消费者权益保护、电子商务知识产权保护、电子商务信用管理、电子商务行业统计体系构建、交易主客体及行为规范、电子商务支付、电子商务融资服务、现代物流等方面的制度建设。只有这样才能更快更好地推进苏州市电子商务全面发展,才能进一步推动国家电子商务示范城市建设。

三、以改革创新为机遇,深化电商应用水平

在"互联网+"时代,苏州应借助苏南现代化示范区建设、苏州工业园区开展开放创新综合试验区等发展机遇,加强电子商务宣传、拓宽电子商务应用领域并深化重点领域的应用。随着"互联网+""工业4.0"时代的到来,企业竞争环境变得更加复杂和不可预测,这使得苏州众多企业开始应用电子商务,寻求新的突围之路,众多传统企业纷纷踏上电子商务转型升级之路,拓宽了电子商务应用领域,延伸了电子商务产业链。

第一,加快跨境电子商务发展。苏州于2016年初被列为新一批跨境电商综合试验区,这意味着苏州跨境电子商务将迎来重大的发展机遇。苏州应依托苏州工业园综合保税区、高新区跨境电子商务集聚区等产业园区,积极构建具有苏州特色的跨

境贸易电子商务综合服务平台,探索跨境贸易电子商务新模式,扶持一批本地优秀跨境电子商务企业做大做强,提升苏州跨境电子商务服务水平和能力。

第二,大力推动农村电子商务发展。近几年,不管是国家、地方政府还是阿里巴巴、京东、腾讯这类电子商务龙头企业,都在积极推动农村电子商务的发展,在2016年2月3日召开的国务院常务会议上,国家表示要斥资7000亿元升级电网,为农村电商铺路。苏州有着丰富的农产品,苏州应积极探索农产品网上交易模式,鼓励和支持涉农企业、农民专业合作社、农民与电子商务服务企业积极开展合作,进一步扩大农产品电子商务交易规模。

第三,促进线上线下融合发展。国务院于2015年出台了《关于推进线上线下互动加快商贸流通创新发展转型升级的意见》,旨在推进线上线下互动,加快商贸流通创新发展和转型升级。苏州需在该意见指导下,进一步推动传统商贸企业依托线下资源优势,建立网络购物平台,推进线上线下互动,提升客户消费体验,实现线上线下资源互补和应用协同,促进实体经济和虚拟经济同步发展。

第四,重点发展旅游类电商平台经济。苏州有多个电子商务服务平台,但比较知名的主要集中在旅游行业,如同程旅游网、八爪鱼在线旅游网等,苏州应集中优势,重点发展旅游类电子商务服务平台,以此带动其他电子商务平台的发展。

四、以当地产业为基础,壮大电商产业规模

苏州在制造业、商贸流通业、对外贸易业、旅游文化业方面,都有着很好的行业发展优势,近年来,这些优势产业和实体市场与电子商务的融合趋势明显,苏州需进一步依托产业优势,选取重点领域,确定重点方向,聚合政策、资金、人才等优势资源,推进电子商务在重点行业领域的深入应用,实现苏州电子商务的跨越式发展。

第一,鼓励各优势产业积极开展电子商务业务。在"互联网+"时代,各行各业都需要拥抱电子商务,制造业应以产业链为基础,推进企业间电子商务应用,实现与国内外供应商、采购商之间的B2B电子商务无缝集成;商贸流通业应鼓励大型商场、购物中心、连锁超市、老字号企业应用电子商务,通过建设网上超市、网上百货店等,创新商业模式,实现优化升级。苏州市政府应在各优势产业中重点支持一批行业龙头企业广泛应用电子商务,以此达到示范和推动作用。

第二,以特色产业为支撑,加快电子商务园区发展。苏州需按照空间上科学规划、产业上合理布局、功能上体现特色的要求,结合各县(市)、区产业基础和发展方向,规划建设一批电子商务楼宇和电子商务产业园,不断完善配套服务,引导电子商务企业集聚发展。一方面全面推进丝绸、服装、家具等特色电子商务产业园的建设,依托产业园区建设电子商务孵化中心,促进中小型电子商务企业健康快速发展;另一方面吸引国内外知名电子商务企业入驻,扩大电子商务产业集聚效应。

第三,大力培育本土电子商务龙头企业。苏州需进一步完善财政、融资、人才、场地等方面的服务,支持一批已经具备一定发展基础的重点电子商务企业做大做强,培育其发展成具有全国影响力的大型本土电子商务龙头企业,只有这样才能进一步提升苏州市电子商务竞争力和影响力。

五、以校企合作为平台,优化电商人才结构

人才是制约电子商务发展的关键因素,随着电子商务应用领域的拓宽和应用水平的深化,苏州对电子商务人才的需求呈现出动态化、层次化的特征,这也要求电子商务人才培养能够达到动态化、层次化的要求。

一是动态化。一方面是互联网的发展拓宽了电子商务在企业的应用领域，延伸了电子商务产业链，催生出众多互联网新兴产业、新兴岗位等，在此背景下，企业对电子商务人才的需求也随之变化；另一方面，电子商务日新月异，其商业模式、应用领域、平台规则、新兴职业、新兴岗位不断创新，这些动态变化都反映到对电子商务人才的需求和培养上。

二是层次化。由于企业的电子商务应用水平不一，企业对电子商务人才的要求层次也表现出不同。有的企业只需要员工具备基本的电子商务操作技能，有的企业则需要员工掌握一定的电子商务管理知识。因此电子商务人才培养应该层次化，只有这样才能适应不同阶段的企业对电子商务人才的需求。

另外，为响应《国务院关于加快发展现代职业教育的决定》，推进人才培养模式创新，深化产教融合、校企合作的号召，苏州市政府应鼓励并支持苏州高校与电子商务服务企业进行人才的联合培养，只有这样才能高质量、高水平地培养出满足企业需求的电子商务人才，才能全方位地为社会输送更多类型的电子商务人才，从而更好地服务于地方经济发展。

第三节　对策与建议

1. 加强部门协同合作，突出电商规划引领

苏州市政府应进一步明确整合商务局、经信委、科技局、工商管理局、质量技术监督局、知识产权局、税务局、财政局、银行、公安局等部门资源和力量，共同研究制定苏州市电子商务发展整体规划，如图 4-2 所示。

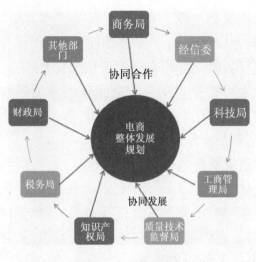

图 4-2　部门协同合作

1. 提高思想认识，动态完善电子商务工作机制和考核体系

第一，动态完善电子商务工作机制和考核体系。苏州市委、市政府高度重视电子商务发展和国家电子商务示范城市创建工作，已经成立了全市创建国家电子商务示范城市领导小组。但由于电子商务发展快速，因此苏州市政府需根据电子商务发展动态，及时地完善电子商务工作机制，明确各发展形势下的工作重点、考核要点等，并充分调动各部门和各县（市）、区政府发展电子商务的积极性。

第二，成立苏州市电子商务专家咨询委员会。委员会由院士及知名技术、产业专家组成，协同各部门与各县（市）、区政府，共同制定苏州市电子商务发展"十三五"规划，研究和解决苏州市电子商务产业发展中的重大问题，强化政府部门对电子商务发展的宏观指导、推动和扶持。

2. 突出规划引导，做好苏州市电子商务发展"十三五"规划

政府要做好苏州市电子商务"十三五"发展规划，需要体现以下四点：

第一,依托优势产业,力求企业级电子商务应用全面覆盖。苏州市电子商务在"十三五"发展期间,应该全面普及电子商务在企业中的应用,因此苏州市政府应依托优势产业,先从产业龙头企业入手,大力支持龙头企业全面开展并加强电子商务的应用,以点带面,力求"十三五"发展期间,苏州的企业级电子商务应用普及率达到一个新的高度。

第二,重点发展跨境电商、农村电商、大数据等国家支持产业。苏州市电子商务"十三五"规划应在电子商务发展趋势基础上,跟紧国家对电子商务发展指导意见,紧紧抓住苏州成为新一批跨境电商综合试验区、农村电网改造等机遇,着重发展国家政策支持的电子商务相关产业。

第三,进一步推进移动电子商务在民生和社会服务领域的应用。苏州市"十三五"规划应进一步促进移动电子商务运用于民生、社会管理等领域,使教育、医疗、社保、交通、工商、税务等与民生相关公共资源更快捷地服务群众,方便群众生活,提升公共服务效能。鼓励支付宝、微信等移动支付平台,进一步拓宽为民众生活服务的业务,比如可以通过移动支付平台办护照、续签港澳通行证等。

第四,统筹兼顾,网络经济与实体经济结合发展。坚持网络经济与实体经济紧密结合发展的主流方向,全面拓展电子商务在各领域的应用,提高电子商务及相关服务水平,努力营造全方位的电子商务发展环境,推动区域间电子商务协调发展。

3. 依托电子商务相关协会,努力营造电子商务产业发展环境

依托苏州市及各县(市)、区的电子商务协会,积极营造苏州大市范围的电子商务产业发展氛围。

第一,依托苏州市电子商务协会,积极开展内部交流、培训等活动,提升协会凝聚力。2015年苏州市电子商务协会联合常

熟市电子商务协会,依托苏州经贸职业技术学院电子商务系师资力量,共同举办了四期常熟市传统企业转型升级研修班,极大提高了企业抱团发展的凝聚力,后期苏州市电子商务协会应该进一步联合各县(市)、区的电子商务协会,针对不同主题(跨境电商、农村电商等)开展更丰富的交流和培训活动。

第二,苏州市各类电子商务协会需进一步发挥行业协会的中介组织作用。电子商务协会需进一步发挥其在企业与政府间的桥梁纽带作用,一方面协会需及时传达政府下达的各类电子商务政策指导意见,帮助企业理解及熟练操作这些政策;另一方面协会需及时了解企业的各种需求及遇到的问题,协会应定期组织各类电子商务调研和座谈,把这类工作上升为一种日常工作机制,真正帮助企业与政府对接,及时帮助企业解决遇到的困难,增强其行业服务的职能。

第三,与南京、杭州等周边地区行业协会保持密切联系,学习先进工作经验,加强协会间的沟通合作。鼓励苏州市电子商务协会开展专业分类的商圈活动,进一步营造电子商务氛围。

二、完善电商政策环境,健全电商支撑体系

苏州需要进一步完善电子商务政策环境,坚持以市场为导向,以企业为主体,并运用市场机制优化资源配置,综合政策、服务、资金、税收等手段,积极探索制定有利于进一步加快苏州市电子商务发展的新政策、新法规和新标准,积极推进电子商务知识产权保护、网络消费者权益保护、电子商务信用管理、电子商务行业统计体系、农村电子商务服务、跨境电子商务服务等方面的制度建设,全面健全苏州市电子商务发展支撑体系,如图4-3所示。

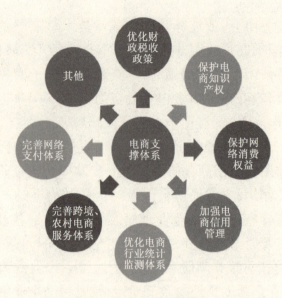

图 4-3　电子商务支撑体系

1. 进一步优化苏州市电子商务财政税收政策

第一，根据电子商务发展形势动态调整财政税收支持的方向和领域。苏州市政府目前每年都会在苏州市商务发展专项资金中设立电子商务扶持专项，并根据跨越式发展要求逐年递增，滚存使用，这些政策产生了很好的效用。由于电子商务日新月异，行业发展瞬息万变，其商业模式、应用领域等方面不断创新，因此，苏州市政府应根据电子商务发展新形势以及国家的指导意见，动态调整苏州电子商务财政税收政策，确保新兴模式、新兴领域、新兴产业等方面能够得到及时的财政税收支持，只有这样，才能更好地发挥财政税收的导向和带动作用。另外，在对企业进行电子商务资金支持时，不能仅对已具有一定规模的公司给予支持，更需要对那些具有一定市场前景的初创公司给予大力支持，只有这样才能更好地繁荣苏州市电子商务产业。

第二，设立跨境电子商务扶持专项资金。随着苏州成为新一批跨境电商综合试验区，苏州跨境电子商务将迎来一个更大的发展机遇,苏州市政府应该在苏州市电子商务扶持专项资金中单独为跨境电子商务设立扶持专项资金。可以借鉴宁波做法,自 2014 年起,在宁波市电子商务专项发展扶持资金中,明确其中一笔扶持资金专门用于引导鼓励宁波传统工商企业(包括外贸企业)发展跨境电子商务。

第三,制定鼓励电子商务发展的金融政策,激励骨干企业做大做强。苏州市各金融机构要积极给予电子商务相关企业信贷支持,鼓励其通过上市、发行债券、兼并重组、中外合资等途径筹集发展资金,引导和吸引更多的社会资金投向现代电子商务产业。苏州市政府可在审核通过基础上,放宽准入门槛,鼓励各类资本投资电子商务产业。

2. 注重电子商务领域知识产权保护工作

第一,加强立法与监管。苏州市政府必须介入电子商务的知识产权保护中,通过行政等手段打击、震慑知识产权侵权,使电子商务市场得到规范、健康发展。因此,推动电子商务领域的立法和加强监管体系建设应是苏州未来电子商务知识产权保护的战略重点。

第二,建立多元的知识产权保护网络,立足于电子商务企业,建立多元化的知识产权保护模式,形成多种知识产权保护模式协同运作的电子商务知识产权保护网络。横向上,以电子商务企业为主体,从评价体系建设、网络监管上完善电子商务的知识产权保护模式;纵向上,将司法保护、行政执法保护模式与电子商务平台自身的知识产权保护模式相衔接,形成完整的电子商务知识产权保护网络体系。其中,较易判别、情节轻微的知识产权侵权问题,由电子商务平台解决;突发性、严重的知识产权侵权问题,由行政执法解决;长期性、相对复杂的知识产权侵权问题,由司法手段解决。通过建立多元的电子商务知识产权保护网络,力求实现最大知识产权保护力度的同时,达到政府及社

会资源的有效配置。

第三,加强部门协同合作,整合执法维权资源。电子商务知识产权执法维权涉及商务局、质量技术监督局、知识产权局等多个部门,经验证明,只有多部门的联合执法才能产生较好的执法效果。多部门联合执法必须首先明晰政府各个部门的权责,并需要整合各个部门的执法资源、相对集中执法权、整合执法主体、解决权责交叉多头执法、建立长效的协调机制,这样才能实现知识产权行政执法的效果。

第四,引导建立具有维权机制的网络快速维权平台,构建以平台为中心的市场自治机制。苏州应大力引导电子商务企业建立网络快速维权平台,同时要帮助建立举报、担保(为防止恶意举报,可利用类似"支付宝"的担保平台,让举报人提供一定的担保)、初步确权、维权、申诉、调解、诉讼一条龙的纠纷解决机制。首先可由电商企业对侵权做初步处理,然后再由政府联络调解机构、法院在电商平台上派驻专人直接受理调解和诉讼案件。建议知识产权行政管理部门建立对平台的行政指导制度,以专业培训和典型个案指导的方式,就平台遇到的法律困惑进行指导。知识产权行政管理部门应积极培育能够提供权利评价报告和侵权判定意见的第三方服务机构,并建立配套的监管体系,以保证第三方服务机构公正、中立地出具侵权判定咨询意见,从而建立以平台处理为主体的市场自治体系,用市场的机制来解决市场的问题。

3. 加强消费者网络权益保护

第一,完善相关法律的立法规定。当前首先是完善法律,如完善互联网金融消费者权益保护,互联网金融业务一直徘徊于政策和法律边缘,因此制定有针对性的互联网金融法律是当务之急。另外,对于消费者网络权益保护方面的法律,可以参考浙江的做法:制定《电子商务商品分类编码规范》标准,有助于增强产品的透明度和可信度,保护消费者免受假冒伪劣产品的伤害;制定《电子商务交易产品质量网上监测规范》标准,有利于消费者掌握商品的真实信息,保障消费安全,为消费者提供一个开放、规范、诚信、安全的网络商务环境;制定《电子商务商品编码与追溯管理规范》标准,能有效满足政府部门对电子商务企业有效监管的需要,实现电子商务产品质量安全可追溯、责任可追究,推进电子商务产业智慧化、规范化发展。

第二,构建第三方信誉评价机构。第三方信誉评价机构作为中间机构,其信誉评价对于消费者而言较为公正、可信。目前,我国电子商务中的市场信用体系主要由消费者评价确定,由于网络的虚拟性,无法确认"消费者"真实身份,信誉评价可能存在水分。因此,为了进一步保护消费者网络权益,苏州市可以构建一个独立的第三方信誉评价机构,建设者可以是政府机构或社会团体,参与评价者主要是消费者和社会团体。为了客观、真实、全面地评价商家信誉,第三方信誉评价机构应在各个电子商务网站作链接,及时对每次交易做信用评价,并构建一个涵盖电子商家基本信息、产品信息、交易情况、信用情况的权威数据库。

第三,培养消费者的自我保护意识。消费者自我保护意识的增强和防范能力的提高,对于消费者网络权益保护工作至关重要,因此,苏州各级相关部门要注重加强对消费者的自身教育,工商局和消费者协会等相关单位,要善于充分利用各种媒体和舆论工具来普及消费者网络权益保护知识,不定期地发布所抽查商家及其商品质量公告。通过宣传教育,使广大消费者充分掌握消费网络维权、投诉等方面的基本程序和相关的基本知识,切实增强消费者的网络维权意识,提高消费者的自我保护能力。消费者除接受教育外,还应加强自身保护意识,不断提高电子商务技能,比如在电子支付时,选择具有第三方支付服务和履约保障服务的平台,并按正规流程付款。

第四,加大对违法商家的惩处力度。电子商务中之所以出现商家肆无忌惮侵犯消费者权益的现象,除了我国相关法律较少外,一个重要原因就是法律对违法商家的惩处力度不大。因此,苏州应在相关电子商务立法时,建立惩罚性赔偿金制度,加大对违法行为的惩处,让违法者得不偿失。

4. 加强对电子商务的信用监管力度

第一,由政府牵头建立面向中小企业电子商务的第三方信用管理平台,培养苏州市中小企业的信用意识,提高苏州企业的信用透明度。同时,建立和完善信息服务平台、业务咨询平台、政策宣传平台,严肃查处商业欺诈,加强中小企业电子商务信用监管,同时也为企业的电子商务业务咨询和政府的政策宣传提供途径和便利。

第二,加强电子商务企业经营信用体系建设,这点可与电子商务知识产权保护工作共同开展。首先,针对信用不足问题,首先要增强苏州电子商务企业的法律意识,应当加强自身实力建设,努力培养自己的品牌;其次,应建立完善经营登记制度,要求网络购物平台上的经营者必须实名登记;再次,应加强网络知识产权侵权统计监测体系的建设,加强侵权信息监控;然后,应通过法律手段推动建立诚信机制,将知识产权诚信记录与企业或个人信用征信系统挂钩,一旦网络上的经营主体有侵权行为,就记载在知识产权诚信档案中并在网络上公布,对有严重侵权行为的经营主体采取相应手段强制退市,并限制其再次入市;最后,应该充分发挥电子商务相关行业协会的作用,规范行业行为,通过行规行约进一步确定知识产权诚信记录与企业或个人信用征信挂钩的机制,维护行业间的公平、有序竞争,促进行业的发展。

第三,加强跨境电商企业诚信教育和诚信体系建设。随着苏州于 2016 年年初被列为新一批跨境电商综合试验区,苏州跨境电子商务将迎来重大的发展机遇,苏州的跨境电子商务企业,需要加快学习国际法律法规的进度,逐渐避免因为知识产权侵权和假冒伪劣商品给国外的消费者带来不好的印象,减少给双方带来损失。政府一方面要加强宣传和引导,提升跨境电商企业的法律意识,学习国际法律法规,避免出现侵权和售假现象,要建立跨境企业诚信制度和企业诚信黑名单系统,将侵权或售假的电商列入黑名单;另一方面要鼓励企业提高自身实力,提高产品质量,培养自己的品牌。

5. 优化电子商务行业统计监测体系

优化电子商务行业统计监测体系,定期发布统计数据,及时准确地反映苏州市电子商务发展的总体规模、结构变化、发展水平和发展趋势,为科学评估专项扶持资金绩效和政府决策提供准确依据。

第一,整合各部门资源,协同工作,由苏州市商务局牵头,组织统计局、邮政管理局、中国人民银行苏州市中心支行等部门,共同完成苏州市电子商务统计监测工作。其中苏州市商务局负责统计电子商务企业、平台、功能区以及部分配套服务企业的基本信息、运营情况的数据,以及所有统计数据收集、整理、汇总工作;统计局负责统计汇总电子商务相关基础数据,测算纳入统计的电子商务企业增加值,并对相关部门提供的有关数据进行评估核定;邮政管理局负责统计快递行业有关数据,负责对快递企业、快递业务等有关情况进行收集、整理、汇总等工作;中国人民银行苏州市中心支行负责统计网络支付等有关数据,负责网络支付企业、网络支付有关数据的收集、整理、汇总等工作。

第二,确定统计监测指标,并动态调整。统计监测指标需要多部门共同研究并确定,而且指标可根据国家、江苏、苏州市发展情况进行动态调整,以便适应电子商务的发展。统计内容可包括电子商务基本情况和企业经营情况,基本情况包括电子商务基础设施建设、产业基地、网民网购、配送支付等支撑情况;企业经营情况指标主要有业务收入、税金、利润、资产状况、投融资、从业人员情况及工资收入等指标。

第三,编制苏州市电子商务发展指数。电子商务的发展涉及的范围很广,综合性也很强,同样很难用单一指标(如企业商务网站建设、效率与效益水平、交易规模与构成、人员素质与结构、政策环境、安全状况与程度等)来全面反映电子商务的水平和发展状况。因此,可以在建立电子商务统计监测的基础上,通过编制电子商务发展指数等综合评价指数,来更全面、更准确、更概括性地评估和分析苏州市电子商务发展及其变化情况。编制苏州市电子商务发展指数有助于综合反映电子商务各种指标在时间和空间方面的整体变动方向和程度,通过测算电子商务指数的变动情况,一方面既可以对苏州市电子商务发展水平和进程进行总体性的监测与分析,又可以对企业、行业电子商务发展水平和趋势进行具体的预测评估与分析;另一方面既可以支持苏州市、江苏省甚至国家的电子商务发展战略和发展规划制定,又可以为行业协会、企业进行投资决策、市场发展前景分析提供量化的支持。

6. 完善跨境电子商务、农村电子商务等方面的服务体系

第一,尽快出台跨境电商综合试验区实施方案。2016年1月6日召开的国务院常务会议决定,将先行试点的中国(杭州)跨境电子商务综合试验区初步探索出的相关政策体系和管理制度,向更大范围推广。为此,苏州一方面需要构建信息共享体系、在线金融服务体系、智能物流体系、电子商务信用体系、统计监测体系和风险防控体系六大体系,另一方面需要建设线上"单一窗口"和线下"综合园区"两个平台,实现政府部门间的信息互换、监管互认、执法互助,汇聚物流、金融等配套设施和服

务,为跨境电子商务打造完整产业链和生态圈。

第二,通过"双创",加快农村电子商务发展。首先,加强农村流通基础设施建设,提高农村物流配送能力,实施新一轮农村电网改造升级工程,对接农产品加工、农村电商发展、农民消费升级的新需求,加大中心村电网改造力度;其次,打造苏州农产品产销对接公共移动平台,该平台是让农户从传统市场进入电子商务市场的基础,没有这样的电子商务平台,农户就无法全面在互联网上开展交易,这类平台可以由政府和企业共同搭建,但是政府只是起到引导和宣传推广的作用,平台的搭建和运营最终交给企业来完成;再次,鼓励大学生村干部、农户开展电子商务创业,给予一定的政策支持,比如可以加强与阿里巴巴等企业有关农村淘宝合伙人的合作;最后,加大农村电商人才的培养和引进,苏州农业相关部门在后续农产品电商培训工作中,需要重点考虑移动端电子商务方面的培训,可以加大对使用微店、微信、微博、QQ等移动端营销工具的培训。

7. 进一步完善网络支付体系

发展电子商务,离不开金融服务的支撑,苏州电子商务平台企业设立第三方中介支付机构,有待于金融政策进一步放开,有待于电子商务平台企业进一步发展壮大。同时,苏州市政府要为电子商务企业创造更多金融服务工具,一方面可以为买卖双方创造更多便捷网络支付通道;另一方面可通过电子商务平台企业的运作,将互联网金融做大、做强,为苏州产业带来更多的金融支持。同时,可以倒逼传统银行转型升级,促使更多的银行入驻电子商务平台企业,为电子商务产业发展提供更多、更好的金融服务,实现借贷双方信息对称与共赢目的。

三、加大电商宣传引导,创新电商应用模式

随着"互联网+""工业4.0"时代的到来,苏州需要寻求新的突围之路,进一步拓宽电子商务应用领域,延伸电子商务产业链,深化电子商务应用水平,如图4-4所示。电子商务政策出台后,苏州市政府需要认真将政策落到实处,做好政策的宣传和咨询工作,充分发挥政策的引领和导向作用,为苏州市电子商务快速发展提供有力的支持,不断优化苏州市电子商务产业发展环境。

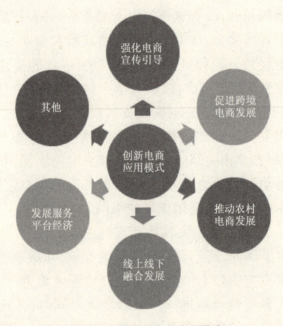

图4-4 创新电子商务应用模式

1. 进一步强化电子商务宣传引导

苏州市电子商务发展已经进入了重大战略机遇期,苏州市要把握电子商务发展的重大历史机遇,积极协调各类宣传媒体,加大宣传引导力度,挖掘电子商务发展经验,培树电子商务典型企业,形成支持电子商务发展的浓厚氛围。

第一,政府要从宏观层面帮助企业认清电子商务发展形势,强化企业发展电子商务的意识,引导和鼓励企业结合自身的资源和优势,找到适合自身发展的电子商务模式。对于苏州市规模以上企业、上市公司,尤其要鼓励和引导其发挥电子商务主力军的作用,重点发展几家能形成示范效应的企业,比如大型零售企业依托传统供应链优势开展网上零售;大型制造企业通过整合上游供应商和下游客户资源,打造交易成本更低、响应市场更快的电子化供应链体系;依托地产物业的物流配送优势建设社区型电子商务项目;等等。通过试点项目的示范作用,拓展企业发展电子商务的思路,降低企业试错的成本,逐步扩大电子商务应用范围。

第二,突出电子商务宣传的重点。首先要加大电子商务政策宣传力度,国家、江苏省、苏州市都制定出台了系列支持电子商务发展的扶持政策和有效举措,要及时把这些政策宣传推介到企业、电子商务从业人员手中,真正做到让这些政策家喻户晓;其次要大力宣传电子商务服务企业和平台,电子商务服务体系是支撑电子商务发展的重要内容,要认真挖掘电子商务服务企业的经验做法,加大典型案例的总结挖掘力度,宣传培养一批电子商务服务企业;再次要加大电子商务产业园的宣传推介力度,大力支持电子商务企业集聚发展,构建具有特色的电子商务产业园;然后要大力培树典型电子商务服务企业,对在淘宝、天猫、阿里巴巴、京东等平台取得良好销售业绩的电子商务服务企业,要深入挖掘,各县(市)、区都要培树典型电子商务服务企业,发挥其典型示范带动作用;最后要汇总整理电子商务发展的经验做法和意见建议,苏州市政府要定期对各县(市)、区发展电子商务的经验做法及时进行总结,对电子商务发展的意见建议及时进行汇总整理,形成电子商务发展的调研报告、典型经验等。

第三,制作电子商务政策动画宣传片,依托互联网创新宣传模式。目前,政府发布的相关政策主要通过文字进行传播,而这种类型的传播存在政策不易理解、不易更大范围传播、不能熟练操作等方面的不足。因此，为了更好地宣传电子商务相关政策，苏州市相关政府部门需要创新宣传模式。首先，利用MG（Motion Graphic）动画技术制作电子商务政策动画宣传片，MG动画是一种融合了动画电影与图形设计的语言，利用该技术制作的动画宣传片符合以现代移动互联网为主的媒体传播规律。其次，继续用好传统媒体，苏州市商务局一方面可以将电子商务政策动画宣传片制作成光盘，对电子商务相关企业、从业人员进行发放；另一方面争取让更多的传统媒体加大对电子商务的宣传力度。再次，加大对新兴媒体的使用力度，由于基于MG动画技术制作的动画宣传片更利于在微信、微博等新兴媒体上传播，因此苏州市政府要加强跟企业、学校、行业协会等单位的合作，充分利用好合作单位的官方微信、微博等平台，及时把政策动画宣传片传播出去，力求覆盖更多的人群。最后，继续用好沙龙、培训、推介等各种模式，要大力支持有条件的电子商务服务商、培训机构、高等院校等举办电子商务沙龙、培训等活动，支持企业参加电商推介会，形成支持电子商务发展的浓厚氛围。

2. 加快中国（苏州）跨境电子商务综合试验区建设

第一，尽快出台专门针对跨境电子商务发展的相关政策法规。虽然苏州市先后出台了多个促进苏州市电子商务发展的政策措施，里面包含了对跨境电子商务发展的支持政策，但还没有完全针对跨境电子商务发展的相关政策措施，如今苏州成为新一批跨境电商综合试验区，苏州市政府有必要专门针对跨境电子商务制定相关政策法规，主要包括专项资金支持、跨境进出口税收、跨境电商信用管理、通关一体化等方面。

第二，充分发挥好跨境电子商务协会的桥梁纽带作用。苏州跨境电子商务协会已于2015年下半年成立，跨境电子商务协会的成立,将有助于营造行业公平竞争氛围、加强企业间的相互合作,通过政府和企业的共同努力,实现苏州跨境电子商务的快速、可持续性的发展。跨境电子商务协会接下来需要充分发挥好其在企业与政府之间的桥梁纽带作用,定期组织相关学术研讨、交流座谈会、跨境电商培训等活动,以便帮助苏州从事跨境电子商务的企业快速健康成长。

第三,打开渠道,培育跨境电子商务服务企业。目前大多数传统企业包括一些中小电商企业都不太了解如何开展跨境电子商务,苏州有必要培育一批既懂电子商务又懂对外贸易,集报关、退税、国际物流、海外仓储、汇兑服务于一体的跨境电子商务服务企业,为有意愿开展跨境电子商务业务的传统企业提供培训,或针对企业及其产品帮助制定相应的跨境销售策略,通过eBay、亚马逊、速卖通、敦煌网等主流外贸电子商务平台销售产品,或帮助其在海外平台销售注册账号,开展海外分销,提供海外法律与财务咨询、海外售后支持、国际运输、全球仓储等全方位的跨境贸易电子商务解决方案,引导与扶持企业开展跨境电子商务。

第四,抓住机遇,培育和引进跨境电商龙头企业,引导产业集聚。苏州近年来注重龙头企业的培育和引进,专门出台了相关的扶持意见,在跨境电商领域,同样需要发挥大型龙头企业的带头、引领作用。苏州现已对优秀跨境电子商务应用企业给予资金支持,后续应该加大支持力度。另外,除了培育本土龙头企业外,还应引进更多的跨境电商企业,尤其是亚马逊、阿里巴巴、京东、敦煌网等国内外大型电子商务企业,上述企业有部分已在苏州落户,有部分与苏州的企业有合作关系,苏州市政府要充分利用中国(苏州)跨境电子商务综合试验区建设机遇,积极引导跨境电商企业集聚,在试验区内设立跨境电商体验中心、O2O实体店等,将网上商品和网下实物相结合起来,让消费者进行现

场体验。

3. 加快推进农村电子商务发展

第一,增强农村群众的电子商务意识。为了实现苏州农村电子商务的较快发展,提升农民以及农业企业的电子商务意识显得十分重要。首先,政府部门应当积极增加宣传推广农村电子商务工作之力度,不但要运用网络、广播、电视等媒体进行宣传,而且还应当在乡、镇建立起农村电子商务宣传组织机构,定期向广大农民群众介绍电子商务方面的基本知识,让其理解投身电子商务领域的诸多好处,更好地调动起农民群众的主动性;然后,政府要实施好农村电子商务试点等工作,要以村为基本单位,对宣传、推广、应用农村电子商务成绩显著的村庄,由政府主管部门进行相应的物质奖励和精神奖励,并以此为成功经验向别的地区加以推广;最后,要从政府的层面上积极鼓励各类农业企业实施农村电子商务工作,尤其是要对那些成绩突出的农业龙头电子商务公司进行物质上与精神上的奖励。

第二,突出品牌化战略。首先是要创新驱动,未来农村电子商务需通过自主创新打造自己的品牌,积极引导个体走特色化、差异化道路,主动率先求变和上档次,打造"人无我有,人有我优"的产品质量,打造"人优我专,人优我精"的产品服务,打造"人优我新,人优我转"的差异化做法;然后是培育精品,苏州政府应根据"品牌电商化,电商品牌化"的大趋势,积极培育一批有竞争力的骨干品牌农村电商,力争在区域竞争中占据有利地位;最后是有序推进"特色中国·苏州馆"建设,要扶大扶强,继续依托淘宝网等第三方电商大平台,集中各方面力量建设"特色中国·苏州馆",推进苏州农产品走上品牌化、系统化电商销售的道路,并要把农产品营销与产品文化、生态文化结合起来,逐步构建完善的农产品电子商务生态圈。

第三,抓住新一轮农村电网改造升级工程机遇,加大农村信息基础设施建设力度。首先是要强化政府主导作用,加大资金支持力度,建立农村电子商务发展基金等,加强农村基础设施建设力度,如可以设立农村物流发展专项引导资金,加大对农村物流网络节点的基础设施建设及物流信息系统建设的资金支持;然后可以把民营企业作为全面搞好农村信息基础设施建设的重要载体,通过政策引导、财政扶持、税收减免等优惠政策,鼓励、引导和支持大型民企投资农村信息基础设施建设;最后,政府部门可以通过和电信等有关单位的积极协调,尽可能地降低农民群众的上网等费用,提升农村信息基础设施利用之效率。

第四,加强网销农产品质量监管,开展农产品追溯工作,鼓励有实力的农产品企业利用二维码技术开展农产品追溯工作,保证农产品质量安全。一方面使得消费者能够更好地了解农产品生产及加工过程,提高消费者对农产品的信任程度;另一方面可以无形中提升企业品牌形象,提高企业的竞争力。

第五,打造农产品产销对接公共移动平台。建立苏州农产品产销对接公共服务平台是让农户从传统市场进入电子商务市场的基础,没有这样的电子商务平台,农户就无法全面在互联网上开展交易,另外,这类平台还需要同步建设移动端,这样更方便农户使用。所以,建立这样的电子商务平台尤为重要。这类平台可以由政府和企业共同搭建,但是政府只是起到引导和宣传推广的作用,平台的搭建和运营最终交给企业来完成。平台搭建后,政府和企业加强合作,共同让广大农户、农产品经营企业、物流企业、大型的农产品批发市场以及城市的商场、超市都加入这个平台,并且加强与传统媒体的合作,大力宣传并推广这个平台,使各方都了解并有强烈的意愿使用,并能从中获得利益,这个平台才算是成功的。

第六,完善农产品O2O运营体系的搭建。随着移动互联网的到来与O2O服务企业的快速崛起,农产品O2O也越来越盛行,消费者开始慢慢接受这一新模式,但是要想农产品O2O能得到更大的推广,还需要做很多事情。一方面企业需继续完善产品体系、配送体系、消费者信任、消费者体验等方面,进一步指引和释放消费者的需求,尤其是消费者信任和体验这块是企业开展O2O需要重点关注的;另一方面政府需大力支持农产品O2O企业的发展。比如对于江苏随易信息科技有限公司开发的食行生鲜平台,除了在资金上给予支持外,更重要的是在农产品自提点的提供上给予大力支持,比如帮助企业联系社区,共同在社区建设农产品自提点等。通过调研了解到企业没有政府的大力支持,并不能很快完成自提点的建设。

第七,加大农产品移动电商人才的培养和引进力度。移动互联网的发展及移动智能设备的普及,使得越来越多的人通过手机端进行营销和购物,农业领域也不例外,未来的农产品产销过程中需要大量的移动电子商务人才,苏州政府需要加大对农户在移动电子商务方面的培训,苏州农业相关部门在后续农产品电商培训工作中,需要重点考虑移动端电子商务方面的培训,可以加大对使用微店、微信、微博、QQ 等移动端营销工具的培训。通过这类培训,第一可以让农户随时随地开展网络营销;第二可以降低开店及营销成本,只需要一部智能手机即可;第三能够及时跟消费者进行互动,回答消费者提出的问题,提高消费者用户体验。另一方面,需要大力引进和培养农村电子商务人才,高薪聘请相关专业的大学毕业生到农村去,到农业企业去,转变农民的观念,提高农民使用电子商务的意识。

4. 融合线上线下,加快O2O发展

第一,建立完善的诚信机制。从整个O2O发展产业角度看,应该建立完善的诚信机制。只有在建立信用机制、体系基础上才可能谈服务,谈有序的竞争,谈商业环境。

第二,提高创新能力,提高消费者黏度。面对不同的细分市场,O2O平台需要开发差异化的功能模块,设计产品的时候需要满足消费者更高层次的需求与社交化的需求。下订单方式要多样化,生活类消费不一样,有多样需求,有订房、订餐、点餐等,平台需要结合参考线下服务模式、需求实现多种订购方式,有时候还需要创造新的订购模式。

5. 以旅游产业为突破口,加快发展服务平台经济

苏州有许多比较集中的产业,也有许多适合网络销售的产品,对于发展行业性、专业性电子商务平台,有较好的产业基础。目前,苏州自建行业性、专业性电子商务平台已涉及旅游、婚纱、农产品、零售、园艺、室内装修等多个领域,形成了相对专业、成熟的交易营运模式,因其专业性明确,服务功能强,企业选择此类电子商务平台交易也越来越多,这个趋势不可阻挡,未来电子商务平台之间的竞争也就是综合性与行业性、专业性平台之间的竞争。苏州可以凭借当地产业优势,进一步发展服务平台经济。苏州目前虽然有多个电子商务服务平台,但比较知名的主要集中在旅游行业,如同程旅游网、八爪鱼在线旅游网等,苏州应以旅游产业为突破口,集中优势,重点发展旅游类电子商务服务平台,以此带动其他平台的发展。

第一,政府牵头,整合资源,加大宣传力度,进一步提升同程旅游网、八爪鱼在线旅游网等旅游平台的知名度,从而提升苏州旅游电子商务的影响力,带动其他平台的发展。

第二,提升苏州电子商务"硬件"质量,降低企业开展电子商务的门槛,激发企业研发、创新服务等方面的积极性,在平台知名度提升的基础上,保证产品质量和用户体验都得到更大的提升。

四、加快电商园区建设,增强电商企业实力

苏州需充分发挥区位优势、产业优势和政策优势,加快建设电子商务产业园区,努力集聚一批优质电子商务企业入驻,加速推动电子商务产业发展壮大,为"大众创业、万众创新"提供更加广阔的舞台,如图4-5所示。

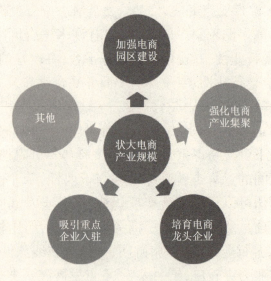

图 4-5　壮大电商产业规模

1. 加快推进电子商务产业园区建设,强化电商产业集聚,推动"双创"

第一,苏州各县(市)、区结合当地发展情况,鼓励将闲置厂房、仓库等改造为电子商务相关"双创"基地和众创空间,对办公用房、水电、网络等设施给予补助。加快推进电子商务产业园区建设,利用产业园的集聚优势,规范管理,抱团发展,充分发挥资源共享、产业匹配、信息外逸分享三大功能,实现产业结构由要素驱动、规模驱动向创新驱动转变,打造电子商务发展的区域品牌,引领苏州市电子商务快速发展。

第二,重点结合苏州市产业和消费特点,定制出台匹配电子商务产业园区发展的政策及针对性强的园区招商措施,吸引中高端网商及服务商等电子商务产业链企业入驻,加快打造成线上线下联合发展、内贸跨境举头并进的一体化综合电子商务产业园。

2. 以电子商务产业园区建设为中心,促进苏州产业提升与发展

第一,以苏州特色产业为支撑,积极探索电子商务产业园区发展,以"规划、招商、运营三位一体"为运作模式,有序推进电子商务园区建设。目前苏州市已有一批电子商务产业园区开始运营,如2015年9月底相城区渭塘镇的珍珠电子商务产业园在中国珍珠宝石城开门迎客,10多家知名电子商务企业率先迈开了渭塘珍珠进入"电子商务时代"的脚步。渭塘珍珠电子商务产业园实行线上线下服务一体化,可为入驻企业提供政策扶持、人才招聘和培养、珍珠宝石检测、创意设计、知识产权维护等配套服务,走出了一条"集体示范、政策扶持、外引内培、线上线下一体化"的特色发展之路。

第二,苏州电子商务产业园区建设要与当地产业或市场需求紧密相结合,才能形成互动发展的新格局,通过线上将当地产业群入驻电子商务平台,线下建立电子商务集聚功能区,提升当地产业集群企业利用电子商务平台开拓国内外市场的能力和水平,并相继出台相对应政策措施,鼓励企业和个体应用电子商务。

3. 吸引重点企业入驻电子商务产业园区,提高影响力

第一,充分发挥苏州市电子商务产业园区发展的现有优势,规范其健康发展,扩大其招商宣传力度,推广电子商务理念,吸引更多的企业,特别是总部型电子商务企业落户园区,整合电子商务、信息领域资源,促进相关行业电子商务功能整合和服务延

伸,发挥电子商务产业的集聚效应。

第二,提升电子商务产业园区整体服务功能和效率,如提供企业推广、融资担保、招聘培训、物流仓储、孵化培育等一系列服务,吸引更多知名的电子商务企业入驻。另外,电子商务产业园区企业最好形成一条电子商务产业链,使得企业不出园区,便可享受咨询、摄影、美工、平台推广、信息处理、数据分析等外包服务,以集聚化优势提升整体电子商务运营效率。

4. 积极培育电子商务领军企业

领军企业的作用不仅在于提升苏州城市地位,还在于对苏州市行业内其他企业的发展起到示范作用。任何一个行业的健康发展都离不开领军型企业的引导与示范作用,对于互联网、电子商务这个高速发展的行业来说尤其如此。由政府扶持打造一到两家行业领军企业,将极大带动区域内电子商务行业的发展。

第一,鼓励电子商务企业创新服务、创新技术、创新商业模式,引导优势企业兼并重组整合,帮助有实力、发展前景好的企业打响知名度,着力培养具有国际竞争力的标杆企业,带动整个苏州电子商务产业的发展。

第二,通过调研、收集、分析、筛选,培育一批在各产业电子商务发展领先的标杆企业,开展示范试点培育,对示范企业给予相应的扶持奖励。对苏州市电子商务发展有重大影响的项目,实行"一企一策"帮扶服务制度。

第三,从税收、专项资金等政策层面加强对本土电子商务企业的扶持,例如在市政府每年发展电子商务的专项资金中适当对本土电子商务企业给予倾斜支持。另外,要加强对本土电子商务企业的统一管理,在引导企业做大做强的同时,加快出台行业规范,促进行业自律,推动企业合法、合规、快速发展。可以根据企业电子商务模式的不同,通过出台专项政策,引导企业在

B2C、B2B、C2C等细分领域进行差异化发展。

五、深化校企合作内容,提高人才培养质量

随着苏州电子商务应用的普及和深入,企业对电子商务人才的需求也呈现出多元化、动态化的要求,苏州市政府应整合行业、企业、高校等资源,共同来提高苏州电子商务人才培养质量,并优化电子商务人才结构,如图4-6所示。

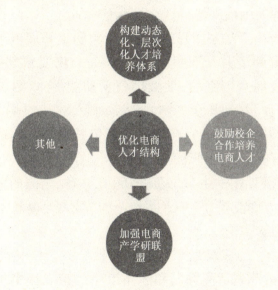

图4-6 优化电子商务人才结构

1. 鼓励高校构建动态化、层次化的电子商务人才培养体系

高校是电子商务人才输送的主要载体,随着电子商务应用领域的拓宽和应用水平的深化,苏州对电子商务人才的需求呈现出动态化、层次化的特征,这也要求高校在电子商务人才培养过程中能够达到动态化、层次化的要求,即构建动态化、层次化的电商人才培养体系。

第一,苏州市政府应鼓励高校开展电子商务人才培养模式的新探索,对人才培养新模式探索给予一定经费支持。高校应能够根据国家、江苏省及苏州对电子商务的要求,动态地调整电子商务人才培养方向和模式,如新增跨境电子商务方向等。

第二,鼓励高校加大对教师能力的提升力度。电子商务行业发展迅速,高校教师需要跟上电子商务变化的脚步,及时提高自己的能力,掌握最新的电子商务相关技能,只有高校教师能力提升了,才能最大限度地培养好学生,为苏州输送高质量的电子商务人才。苏州市政府可以给予一定的经费支持,联合高校一起支持教师的国内外研修、学术交流等活动。

第三,鼓励有能力的高校教师带领学生开展电子商务创业活动。2016年2月3日的国务院常务会议要求部署建设"双创"基地,发展众创空间,加大培育新动能,会议要求支持科技人员到"双创"基地和众创空间创新创业,对其创业项目知识产权申请、成果转化和推广应用给予政策扶持。苏州市政府应该鼓励高校有能力的教师带领学生成立电子商务相关公司或工作室,同时积极带领学生参加苏州市、江苏省、全国的电子商务技能比赛,一方面支持了"双创",另一方面大大提高了学生的电子商务能力。

2. 鼓励校企多模式合作培养电子商务人才

第一,由苏州市商务局和苏州市、县(市)、区电子商务协会牵头,建立"政、行、企、校"合作培养人才新模式,推动企业、行业协会和高校开展多种形式的协作,加大苏州电子商务人才的培养和培训力度。首先,鼓励并支持苏州高校与电子商务服务企业进行人才的联合培养,将电子商务人才培养纳入苏州市紧缺人才培养计划。苏州高校有条件的都要设立电子商务专业,与电子商务企业合作培养实用型人才。其次,大力引进市外、省外、国外的品牌培训机构,与苏州高校合作,充实苏州市电子商务人才培养力量。再次,积极邀请电子商务行业专家针对苏州市政府相关工作人员、企业管理人员开展培训课程,为苏州市电子商务产业发展培养更多管理型、技能型人才。最后，可以借助于高校、人才培训机构丰富的学生资源展开人才对接，兼顾企业短期和长期用人需求开展合作，满足企业用人需求，尤其是"双11"用人需求。

第二，鼓励高校与企业合作，加快培养跨境电子商务、农村电子商务、电子商务运营、电子商务物流管理等方面的人才，尤其是要大力引进和培养跨境电子商务人才。跨境电子商务人才是既懂外贸又懂电子商务的交叉型复合人才，要加强跨境电商专业技能的培训，提升综合素质，要利用各种政策优惠吸引高水平的跨境电商人才。

第三，借助于苏州市电子商务协会、高校、知名企业等组织明确电子商务人才引入政策，制定电子商务人才引进标准，积极引进国内外高级电子商务人才，对新引进的电子商务企业高级管理人才、高端营运人才、核心技术人才，按引进培养高层次人才的政策给予支持。

3. 加强电子商务产学研联盟建设

第一，通过电子商务产学研合作积极探索创新人才培养。高校是创新人才培养的摇篮，也是服务地方建设的基地。电子商务产学研合作一方面可以促进苏州高校及时获得社会对电子商务人才的需求，及时了解电子商务人才培养方向，能够及时调整电子商务人才培养模式，保证培养出来的电子商务人才能够满足企业的需求；另一方面也有利于高校培养一支高水平的电子商务师资队伍和科研队伍。

第二，高校需完善高校科研体制，提升电子商务产学研合作效率，完善苏州高校科研体制，营建电子商务产学研良好环境，从而有助于苏州高校更好地对电子商务人才培养模式进行探索。高校应找准自己在产学研合作中的定位，转变高校在产学研合作中以争取项目和经费为主的理念，增强高校为地方服务的意识。高校应转变科研管理方式和评价机制,促进科技成果的转化和应用,从而进一步加强高校企业结合体建设,完善科研成果的转化。

第三,聘请熟悉电子商务行业发展的专家及学者,成立电子商务产学研合作专家库,为苏州企业提供电子商务人才咨询服务,重点整合各高校、各产业联盟、行业协会等资源,提升苏州电子商务人才培养实效。

附件一 苏州部分优秀电商载体与企业展示

一、产业园

(一) 苏州金枫电子商务产业园

苏州金枫电子商务产业园坐落于苏州木渎古镇,于2010年10月启动建设,先后获批首批国家电子商务示范基地、江苏省电子商务示范基地以及江苏省信息化和工业化融合服务产业示范园。园区目前拥有A、B、C三个园区,共计孵化面积50000平方米,产业园先后引进和培育了200多家中小型电商企业。

自获批国家电子商务示范基地以来,产业园不断完善基础设施及各项公共服务平台,先后建设有6中心2平台,分别为云计算服务中心、投融资服务中心、创业孵化服务中心、营销推广服务中心、移动电商服务中心、金枫创客中心及金枫谷平台、金枫微信服务平台,特别是云计算服务中心与金枫谷平台是产业园重点建设项目,为企业带来极大便利,受到企业的一致认同。

云计算服务中心是产业园于2013年与苏州市电信局合作共建的四星级数据中心机房,成为苏州市唯一一家由产业园建设、由电信局提供指导服务的数据中心机房。2014年苏州市电信局授权产业园可直接进行80端口备案,建立ICP备案绿色通道,成为苏州地区唯一的授权备案单位。2015年再度与电信、联通等通信运营商进行紧密合作,借助运营商的带宽资源,利用数据中心硬件基础,聘请第三方技术服务团队,针对园内中小企业量身打造云计算服务,目前已形成一站式"菜单"服务,为全部入园企业提供低成本、高品质的云计算服务,降低企业运营成本,提升企业核心竞争力。

苏州金枫电子商务产业园:位于苏州市城乡一体化先导区——木渎古镇。自2010年10月开园以来,依托良好的区位优势和国家级科技企业孵化器的产业背景,积极整合社会公共资源,聚集了一批优质的电子商务企业,并于2012年5月被国家商务部认定为首批"国家电子商务示范基地",成为苏州唯一的国家级电子商务示范基地。目前拥有三个园区,共计孵化面积50000平方米,先后引进和培育了200余家科技型中小企业,初步形成电子商务、互联网增值服务、物联网、软件应用等信息产业集聚区。

金枫谷平台重点打造了"企库""智库""云库""政库""金库"五大服务功能,与线下六大服务中心实现线上线下无缝对接、互动发展,使产业园建设与电商产业融为一体。该平台以互联网的思维全面提升国家级电子商务示范基地的服务功能,以此来推动电商企业之间、电商企业与传统企业之间的业务合作与互动,成为企业间沟通交流平台,有效解决了企业之间的"信息孤岛"问题,延伸电商服务产业链。

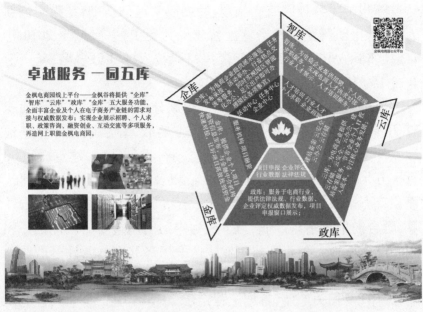

（二）苏州国际科技园

1. 苏州国际科技园概况介绍

苏州国际科技园是苏州市和苏州工业园区重要的国家级科技产业基地，总体规划占地77万平方米，建筑面积155万平方米，总投资近70亿元，于2000年4月启动，分7期完成建设。围绕建设创业创新生态圈的总体目标，聚集以云计算为核心的新兴产业，打造科技创新的示范区。

苏州国际科技园成立至今,始终以营造创新平台、吸引创新人才、孵化创新企业和培育创新成果为历史使命,截至 2014 年年底,实际入驻企业 534 家,聚集高科技人才 3 万多名,年产值超过 100 亿元。

位于金鸡湖大道 1355 号的金鸡湖分园(1—4)期,建筑面积 32 万平方米,主要承担作为科技企业孵化基地、服务外包基地和软件产业基地的功能。位于独墅湖科教创新区、建筑面积 80 万平方米的 5 期工程"创意产业园"以及根据旧厂房改建、建筑面积 2 万平方米的 6 期工程"创意泵站",大力引进和培育云计算、融合通信等新兴产业,力争成为中国国内重要的软件工厂和创意产业基地。位于苏州工业园区桑田岛北部的云计算产业园是科技园的第 7 期工程,总建筑面积 41 万平方米,计划大力发展云计算及相关产业,首期工程定于 2015 年竣工。

2. 科技园电子商务产业概况

苏州国际科技园是国家级孵化器和国家级服务外包示范基地,2012 年,苏州国际科技园获评"江苏省电子商务示范基地",并于 2015 年通过复审。2013 年,苏州国际科技园获"中国云计算产业卓越环境奖"及"江苏省版权示范园区"称号,同年国家级孵化器复核成功,又于 2014 年获"全国版权示范园区(基地)"称号。

江苏省电子商务示范基地,占地 120157 平方米,建筑面积为 220030.94 平方米,总投资 787509781.11 元。2008 年 12 月基建工程基本竣工,2009 年 2 月区域陆续交付使用,并开始投入平台建设和相关产业服务团队。2012 年规划电子商务产业基地,进入相应配套及服务,并于同年 10 月获批江苏省电子商务产业示范基地。2014 年全面完成以云计算为特色的电子商务产业服务基地的建设,电商交易额达 343 亿元。

科技园通过两年的努力,已培育 4 家规模超 1 亿元,10 家超5000万元的国际化电子商务企业,集聚近200家电子商务企业,积聚12000名电子商务人才,形成规模达22亿元的电子商务产业集群,成功培育了一批面向全国、全球市场的电子商务服务平台。

2012年获批省电子商务示范基地后,重点扶持并发展了一批具有代表性的平台型电子商务企业及一家拥有中国人民银行颁发的互联网支付牌照的第三方支付企业,如国家级电商示范企业同程网、省级电商示范企业八爪鱼、通付盾、利驰、乐买到、双乾支付等。2013年、2014年两年中,基地共有10家电商企业获评商务部现代服务业综合试点项目,36家电商企业获得各级扶持资金2366.13万元,其中现代服务业综合试点获得中央扶持资金1819万。2014年,苏州国际科技园电子商务综合服务平台成为现代服务业综合试点项目。

3. 电子商务示范基地创建内容及重点

自2012年获批省电子商务示范基地以来,通过整合园内电商企业分布及分析产业大环境,苏州国际科技园先后建设了较为完善的公共技术服务平台体系,努力打造园区电子商务产业发展环境。继续加大相关产业方面的投入力度,加快推动载体建设及现有载体转型,并提供相关政策、平台、基础设施配套、投融资、创业孵化、人才培训等方面的服务。

政策保障方面：园区电子商务产业主管部门——苏州工业园区管理委员会服务业发展局制定并发布了2014(42号文)《苏州工业园区商旅文体展及服务外包引导资金暂行管理办法》等相关政策,给予入驻基地的电子商务企业包括租金补贴、销售奖励、营收奖励、示范基地及企业申报奖励、传统企业电商化支持等在内的一揽子优惠政策。

基础设施配套及支撑体系方面：新建科技园7期41万平方米基础建设,为入驻企业提供基础配套服务设施。苏州国际科技园电子商务综合服务平台,作为电子商务发展支撑体系,为入驻企业提供软件及创新服务。且该平台已获得"2014苏州市现代服务业综合试点项目"称号。

平台建设方面:加强完善与电子商务企业紧密相关的网商园增值服务部、软件评测中心、知识产权保护中心、软件园培训中心、中小企业信息化(SAAS)平台、综合数据服务中心、电子商务软件技术服务平台七大平台建设。平台为科技园内的电子商务提供了安全可靠的系统环境,降低了企业硬件配置成本,为电子商务产业链上中高端企业的积聚提供了重要的支撑。

此外,还通过园区电商协会(ECA)会员服务平台,实现了产业数据统计、政策发布、资金申报、培训通知等功能。

投融资服务及专业孵化器功能方面:依托苏州市财政支持,园区创投基金,建设特色金融服务平台——"科技园融资直通车"。通过该平台,2014年帮助园内企业获得银行贷款2.16亿元,授信近5亿元。2014年,国家级电商示范企业同程网一举获得腾讯5亿元及携程2亿美元的股权融资,2015年万达文化集团宣布战略投资同程旅游,领投金额达35.8亿元,此外还有中信资本等多家机构跟投,共计60亿元;省级电商示范企业八爪鱼获得软银1.5亿元股权融资;工品会、心意盒子等多家电商企业获得投资。

苏州工业园区在推进转型升级、创新发展过程中,积极推动"大众创业、万众创新",积极打造"金鸡湖创业长廊"品牌,引导和发挥创业服务组织的资源整合和服务能力,为创业者营造了系统的、一揽子的培育孵化加速环境。

金鸡湖创业长廊,是园区创新创业的缩影和地标。这里集中了启点咖啡、36氪、百度创业中心、Plug&Play、苏大天宫、创客邦、蒲公英、清华启迪等47家创新型孵化器,总孵化面积5.8万平方米,免费工位5600个,吸引孵化了500多个项目,获得市场融资超7亿元,促进带动了约4000余人就业。国际科技园作为"金鸡湖创业长廊"内的重要载体,目前已集聚13家众创空间,分别是苏大天宫、创客邦、蒲公英、36氪、精尚慧、慧谷、跨界、卓智、创业家——黑马(苏南)全球路演中心、Plug & Play、腾讯众创空间(苏州)、XLAB、F-WORK孵化器。

人才培训及相关政策方面:科技园七大平台之一,也是基地子公司之一的园区软件园培训中心,其电子商务技术公共实训基地负责电子商务专业人才培训。此外,基地依托园区管委会的相关人才政策,如每年2亿元的人才开发专项资金,及《苏州工业园区吸引高层次和紧缺人才的优惠政策意见》《关于实施苏州工业园区"金鸡湖双百人才计划"的若干意见》,努力从创业扶持、薪酬待遇、住房优惠、社会保障、子女入学等多方面为人才创造一流的环境。

4. 电子商务产业发展目标

苏州国际科技园将加快推动载体建设及现有载体转型,通过5年时间,在产业规模、产业结构、综合效益、创新能力、平台服务、应用领域等方面全面提升,力争将苏州国际科技园建设成发展环境成熟、资源配置合理、产业集聚度高、科技创新能力强的电子商务产业高地。积极推进苏州国际科技园国家级电子商务示范基地创建工作。

二、平 台

(一) 中国绸都网

中国绸都网是纺织行业一站式第三方交易和服务平台。

自挂网以来,中国绸都网始终秉承"生产有价值的纺织信息"理念,坚持"立足市场、服务企业"的定位,是行业内最早探索出线上展示线下交易相结合的O2O电子商务服务商。

纺织行业一站式第三方集成服务平台

国家电子商务试点企业
国家电子商务集成创新试点企业
国家中小企业公共服务示范平台
江苏省信息化与工业化融合电子商务示范企业
中国纺织服装电子商务示范单位
商务部盛泽丝绸化纤指数编制单位
工信部工业信息化运行形势样本企业
江苏省电子商务示范企业

中国绸都网微信公众号

布工厂微信公众号

纺织十三夜微信公众号

纺织通移动APP

目前,中国绸都网已建立和运营纺织经济研究院、纺织交易网、流行面料网、盛泽指数网、纺织英才网、纺织 TV 等多个具有不同功能定位的网站群;另运营连续多年获评中国纺织服装行业"十佳期刊"的《东方纺织周刊》、会议会展、苏州贸促会原产地签证、ERP软件、金融服务、移动互联等线下增值服务产品。

同时,中国绸都网还主导完成了三个国家级项目的建设。

一是建立被誉为纺织行业"道琼斯指数"的"商务部中国·盛泽丝绸化纤指数";二是起草编制了国家标准《纺织面料编码·化纤部分》,独创性地让纺织面料拥有了自己的"身份证";三是承担建设了国家发改委"面向纺织行业的电子商务试点项目",打造出了以坯布现货挂牌、原料即期递价交易、现货撮合交易为模式的电子交易平台,开创了纺织大宗商品电子交易的新模式。

凭借多年在行业的精耕细作,中国绸都网先后获得"国家电子商务试点企业""国家中小企业公共服务示范平台""江苏省五星级公共服务平台""中国纺织服电子商务示范单位"等荣誉称号。

(二)舌尖上的"互联网+"——食行生鲜公司

移动互联网对各个行业的改造正在如火如荼进行,生鲜电商市场因为渗透率低、潜在需求大,是电商巨头眼中的最后一片蓝海,也是大家竞相追逐的香饽饽。

近两年在苏州诞生了一家全品类生鲜O2O的行业领先企业——苏州食行生鲜电子商务有限公司。

苏州食行生鲜电子商务有限公司(下称"食行生鲜")创立于2012年,主要模式是以电子商务为载体,以社区智能生鲜配送站为服务点,实现农产品由生产基地直供社区家庭,为老百姓提供便捷、新鲜、平价、安全的农副产品。通过互联网平台、现代信息技术与新型物流方式结合,食行生鲜改变了生鲜农产品生产、管理、流通、营销的传统模式，打破了行业和地区界限，开创了生鲜农产品销售的新模式。

食行生鲜项目经江苏省商务厅、江苏省财政厅批准，列入2014年江苏省鲜活农产品直供社区示范工程，同时食行生鲜所属的母公司随易科技获得了江苏省商务厅颁发的电子商务示范企业证书，2015年7月被国家商务部列为电子商务示范企业。

1. 项目特点

区别于传统的农贸市场或生鲜超市，食行生鲜公司利用互联网和社区结合的优势，融合线上线下资源，独创性地推出了线上预订线下社区自助提货的C2B2F（Customer to Business to Farm/Factory）商业模式，区别于传统蔬菜生鲜购物渠道，具备四个鲜明的项目特点：

（1）打通农产品基地与消费者之间的壁垒，建立"市场+基地+农户"的新模式，解决长期以来部分优质农产品因无法有效连接市场带来的"丰产"却难"丰收"的滞销怪圈。

未来农产品生产基地可以通过食行生鲜平台，及时调整产业结构，根据市场需求，种植适合市场行情的农作物，避免种植的农产品销售不出去菜贱伤农的情况发生，改善传统农产品种植模式，促进农民增收，真正做到惠农利民。

（2）缩短优质农产品流通供应链，解决市民买菜贵的难题。农产品在传统模式下从产地到消费者的手中经历多个批发环节，这些繁多的流通环节使得农产品价格在流通过程中逐步被

抬升,再加上少量流通商囤积居奇,市民买菜贵成为大难题。食行生鲜公司绝大部分农产品采取基地直采模式,在减少流通环节的同时为市民提供实惠的菜价。

(3) 食品安全方面,食行生鲜建立了一整套安全管控体系,在体系内每盒生鲜食材均可见、可控、可追溯。生鲜食材均来自政府认证的农业基地,经过卫生监督部门多次抽检,符合标准要求;肉禽蛋类,甄选信誉好、品牌知名度高的养殖场及生产厂家合作,每批产品通过卫生防疫部门的层层把关,进入市场前均开具卫生监督部门的质检报告;干货类均选自有质量保证的大品牌,由厂商直接供货。

另外,通过与农委合作建立检测中心,每天对农产品进行抑制率抽样检测,判断有机磷或氨基甲酸酯类农药的残留,并将检测报告在公司微信公众平台公示,确保市民餐桌安全。

(4) 食行生鲜公司采用的先用户预定、后基地采购的模式,大幅降低了农产品在流通环节的损耗。用户首先通过食行官网、手机APP、微信服务号及社区自助终端机等下订单,然后食行认证的农业基地及供应商根据用户预订量,按量配送至食行生鲜配送中心。同时所有产品全程在低温保鲜的配送中心进行收货、检测、包装、打码、分拣、预冷,再通过冷链车将用户的订单配送至生鲜直投站点智能冷藏柜,保证了产品的新鲜、安全。

2. 竞争优势

食行生鲜公司希望在百家争鸣的生鲜电商O2O领域争做全国市场份额第一的品牌,相对竞争对手,公司具备哪些核心竞争优势呢? 概括来说,两方面优势的长期建立是关键。

(1) 技术优势。公司引入物联网技术及云计算理念,通过客户订购系统、配送中心信息管理系统、生鲜直投站点智能冷藏柜、采购及库存信息管理系统、司机配送管理系统,形成产品采购、物流运输、订单处理、在线支付、冷链配送和售后服务的完整闭环,并掌控每个环节,带给用户一体化体验。同时打通支付宝、网银、微信支付、商业银行直联等多种支付方式,让居民随时享受无界服务,体验方便快捷的购物方式。相关技术由公司技术中心独立研发,已获得6项软件著作权、3项实用新型专利、3项外观专利,另有4项发明专利、1项实用新型专利、6项软件著作权在申请中。在技术领域,食行公司已经走在行业前列。

（2）供应链优势。公司甄选优质农产品生产基地、供应商,如常熟董浜蔬菜基地、中粮肉品等,利用专业冷链车短途冷链配送生鲜食材至直投站点智能冷藏

柜,从基地到冷藏柜,直至用户取走产品前,食行生鲜都确保全程冷链覆盖,最大限度保证食材的新鲜程度,解决了生鲜物流最后1千米难题。公司自建11000平方米的冷链配送中心,完成农产品的储存、自动化分拣、包装,日均订单处理能力超3万单,即将投入使用的新配单中心日订单处理能力超8万单。同时新建的自动作业流水线,正式上线运行后订单处理能力可达2000单/小时,进一步加强供应链优势。目前在供应链方面食行生鲜公司的探索已领先于行业其他竞争者。

3. 公司发展

2015年在省、市、区各级政府的关心支持下,依托创业园良好的创业氛围,食行生鲜公司保持快速发展,目前提供的生鲜产品达1600多个品类,涉及蔬菜、水果、禽肉、水产、粮油副食等居民日常所需食材,服务于20万户家庭的日常需要。目前已经进驻苏州、上海、北京三个城市。

过去一年,公司大力拓展站点数量,在三个城市已拥有超过

600个站点,同比增长超过300%,订单量同比增长超过400%。其中单日订单数峰值已突破3万单/日,苏州单城市订单数突破1.5万单/日。

4. 未来展望

目前食行生鲜公司已完成两轮总额2.25亿元的融资,借助资本力量的推动,公司过去两年一直保持高速发展。展望未来,公司对进一步打开全国一、二线城市市场充满信心。

一方面公司将继续加强C2B业务的发展,进驻更多一、二线城市,逐步形成以苏州为总部核心,不断输出人才与管理模式,快速辐射全国地区市场的发展模式,丰富更多市民的菜篮子。

另一方面公司将推进B2B业务的开拓,与银行、大型企事业单位等逐步建立专项合作,为客户员工提供便捷的购物体验以及新鲜实惠的蔬菜生鲜产品。

中国生鲜零售市场容量巨大,未来农贸市场一家独大的局面可能会逐渐被电商打破。究竟谁能在这场竞争中脱颖而出,成为中国下一个的电商巨无霸,让我们拭目以待。

三、企 业

(一)苏州淘豆食品有限公司

苏州淘豆食品有限公司位于吴中区,成立于2011年7月,公司是以休闲食品加工、生产、分装、互联网销售为主要业务的现代化新型企业,立志成为中国互联网休闲零食的第一品牌,现已在各大网络平台建立专营店铺,并在北京、广东等地建立仓储基地,后续将在全国范围内设立配送基地,以实现向广大消费者提供高质量、无添加剂的绿色休闲食品的目标。成长至今,淘豆不负众望,在业内取得了骄人的成绩,并收获了超千万忠实粉丝,形成了良好的口碑!

1. 淘豆家的产品

淘豆服务宗旨是,为您精选快尚零食。产品覆盖干果炒货、蜜饯、肉制品等七大系列,产品多达千余种。淘豆休闲食品是高质量、纯天然、无化学添加剂、无农残、无污染的产品,已经通过 HACCP、ISO9001、OU Kosher、BRC 质量体系认证。

2. 淘豆家经营理念

淘豆自成立起就制定了"风林火山"的经营理念。"风"代表着速度,休闲食品从种植到收割到生产到销售到快递送到客户手中,加快了各个环节的速度。"林"代表着品质,公司现已引进国外先进的生产和检验设备,产品质量能够标准化执行。"火"代表着热情,对待每一个光临淘豆网店的客户,都以一颗火热的心来对待。"山"代表着信念,为了伟大的目标,无论发生任何事情,淘豆人都能坚定自己的信念,就像山一样雷打不动。

淘豆人将立志成为高端休闲食品行业的旗舰,让中国农业深加工这条道路越走越远。

3. 淘豆的成长经历

(1) 2011 年 6 月。苏州淘豆食品有限公司成立,这是一家以休闲食品加工、生产、分装、互联网销售为主要业务的现代化新型企业,并获得了苏州优尔集团的大力投资。

(2) 2011 年 7 月。淘豆官方 B2C 商城成立,提倡生活就是淘乐趣,努力打造健康零食网上家园。淘豆在天猫、京东、1 号店、当当、亚马逊等各大电子商务 B2C 平台成立旗舰店,一年之内销售额进入天猫休闲食品类目前三名。

(3) 2011 年 11 月—2012 年 1 月。淘豆依托自身优势以及优尔的雄厚资金支持,结合电子商务的高速发展趋势,自 2011 年 11 月起到 2012 年 1 月间,网上销售额首次达到 600 万元,并且拥有 100 多万的忠实"豆粉",形成了良好的口碑效应。

（4）2012年11月11日—2013年1月。淘豆的日销售额200万元，位列淘宝食品类目第八名。淘豆的月销售额突破1500万元。

（5）2013年1月。苏州淘豆食品有限公司被中国电子商务协会指定为全国电子商务职业教育实习与就业服务基地。淘豆显然已经成为极致供应链模式成功的典范。淘豆品牌在休闲食品业界正以惊人的速度迅速崛起。

淘豆是国内首家将休闲食品与游戏电竞行业资源整合的企业，早在2012年年底就开始涉足电子竞技行业，开启多元化渠道分销时代。2013年淘豆已与上百位电竞明星合作，共同推广淘豆品牌，同时与OMG电竞俱乐部形成长期战略合作，全面打开电竞市场。

（6）2014年。淘豆不断加强在移动互联网电商领域的投入，除已有B2C业务以外，开始设立O2O新型业务体系，并提出建立校园合作战略体系，掀起新一轮的品牌推广活动。

启动与互联网巨头腾讯的合作，定制开发腾讯游戏专属零食，进一步延伸多元化渠道分销模式。

淘豆拥有粉丝超千万，近百家网络营销店，年销售额突破3亿。

（7）2015年5月。东吴证券股份有限公司推荐苏州淘豆食品有限公司"新三板"挂牌上市，在苏州市吴中区白金汉爵大酒店会议厅隆重举行签约仪式，这标志着淘豆食品"新三板"上市计划全面启动。

（8）2015年7月。2015年7月获得来自上市公司雏鹰农牧集团的近亿元的投资，全面打造电子商务健康休闲零食平台，并在产品上进一行优化，结合雏鹰生态农牧的产品线及供应链体系，建立更稳固的休闲食品生态体系。

4. 淘豆家的企业文化

公司理念：敬业、诚信、团队、创新。

公司精神：团结勤奋、积极开创、大胆创新、稳健经营。

公司使命：将创业的激情传递到每一位员工，用我们的青春和汗水实现我们伟大的目标——创建具有全球竞争力的食品王国。

公司文化：成长、分享、担当。

员工德行：做事坚韧不拔、做人坚强不息。

(二) 同程网络科技股份有限公司

同程网络科技股份有限公司（简称"同程旅游"）是中国领先的休闲旅游在线服务商，创立于2004年，总部设在中国苏州，员工4000余人，注册资本20269万元。同程旅游的高速成长和创新的商业模式赢得了业界的广泛认可，2014年先后获得腾讯、携程等机构逾20亿元人民币投资。2015年7月，同程旅游再次获得万达、腾讯、中信资本等超过60亿元人民币的战略投资。

同程旅游是国家高新技术企业、商务部首批电子商务示范企业，同程旅游连续3年入选"中国旅游集团20强"，公司在中国景点门票预订市场和邮轮领域处于领先位置，并积极布局境外游、国内游、周边游等业务板块，2015年公司在中国在线旅游网站服务综合水平排行榜位列第1。

1. 企业价值观

(1) 客户第一。客户是同程存在的理由；从客户的角度看问题，以客户利益为先；建立健康可持续的客户关系。

(2) 创新执行。大胆创新，集思广益，打样试错，使命必达；复杂的事情简单做，简单的事情重复做，重复做的事情创造性地做；变化是一切机会的来源，拥抱变化，实现梦想。

(3) 正直进取。清正廉洁，公平公正，不为个人利益牺牲公司与团队利益。垃圾向上传,信心向下传,不散播流言,歪曲事实。再难,别忘了梦想和坚持;再好,别忘了危机和奋斗;再忙,别忘了读书和锻炼。

（4）合作共赢。大局为重,互信合作,结果导向;坦诚沟通,对事不对人;成就他人,成就自己。

2. 发展历程

2002年,现在的同程旅游董事长吴志祥带着"打造一个旅游行业的B2B平台"的想法离开任职的阿里巴巴,与自己的大学老师、两个同学一起创业,初期很长一段时间只能以替旅行社做内部网站赚钱维持,直到2004年B2B同程网搭建好,并凭着向入驻企业用户销售诚信档案(即网上名片)赚到了第一桶金,当年正式注册了公司。

到2006年,同程旅游的注册企业会员达到6万家,每年有一两千万营收,利润达一两百万元。同年,吴志祥代表同程网参加了CCTV"赢在中国"创业大赛,在与外界交流的过程中认识到,同程旅游的业务是"苍蝇趴在玻璃上,有光明,没前途",市场空间有限。赛后,吴志祥和他的团队开始琢磨如何融一笔钱,把生意做得更大。

2008年,同程旅游获得了苏州凯风创投的1500万元投资,并正式上线了同程旅游网,开始向个人用户提供酒店预订服务。在多种推广模式(包括模仿携程)、四处发卡没有达到预期效果时,选择了搜索引擎营销的推广模式,立竿见影。2009年,同程网的酒店预订量飙升至5000间/天,2011年机票预订量达到5000张/天。

为了拓展业务,2010年春节,同程旅游上线了第三块业务——景点门票,这个市场几乎是个蓝海,除了驴妈妈,还没有像样的参与者。2010年年底,同程旅游再次融资2000万元,专注于门票业务。2011年,同程旅游的门票营收约100万元,占公司总营收的10%，2012年，门票营收飙升至500万，为总营收贡献25%；2013年，占比提升至30%。

2013年4月，携程的全球门票预订频道上线，行业景点门票竞争开始。2014年2月18日，同程旅游获得腾讯等三家机构共5亿元的注资。4月16日同程旅游与艺龙战略合作，准备与行业第一的携程进行竞争。但4月28日，携程旅行网战略投资同程旅游超过2亿美元。5月23日同程付给艺龙3000万元违约金结束双方为期仅37天的战略合作。携程解决了信息不对称的痛点，去哪儿在携程海量信息的基础上，通过搜索满足了用户进行信息筛选和比较的需求。同程旅游却要突出品牌差异化和影响力，把现有业务（景点门票和周边游）做透。比如对于景点门票，同程旅游要做到：可预订的景区"最多"，价格"最优惠"，用户体验"最好"。同程旅游1元门票营销活动，效果显著，其在中国景点门票预订市场处于绝对领先位置，2014年服务人次约3000万，增长达100%。

2015年6月18日，同程旅游宣布与海涛旅游达成全面战略合作，双方将在出境游业务上开展广泛合作。另外，海涛旅游还将积极参与同程旅游的"程意正品"项目，并为其刚刚推出的亲子游品牌"快乐童心"提供优质的出境游产品。2015年7月3日，万达文化集团出资35.8亿元人民币领投同程旅游，包括腾讯产业共赢基金、中信资本等多家机构参与同程旅游这一轮融资，同程旅游获得投资总额超过60亿元人民币。同程将依托万达年均20亿人次线下流量，形成从出发地到目的地的全面O2O闭环。早在2013年，同程就曾在短短一个月时间里连开8家线下体验店，不久又在苏州、北京、上海、南京、温州、宁波、烟台等地相继开出11家实体店。截至2015年10月底，同程体验店已设立了40余家，新增了50余家"同程驿站"，尚有60多家正在筹备中。规划中，同程要大张旗鼓进军二、三线城市,全国每一个万达广场都将出现同程旅游的身影。2015年同程旅游的服务人次首次突破1亿,用户总数突破2亿,据劲旅咨询发布的10月份旅游类APP监测报告,同程旅游安卓版客户端的累积下载量已达7.37亿,总下载量已超过10亿,稳居在线旅游无线三强之列。除门票业务继续保持行业第1外,邮轮、周边自由行等业务的市场份额均位居行业第1,周边跟团游业务上线后实现了5倍的增长,火车票单日订单突破30万单,机票单日订单突破10万单,整体旅游大交通全年服务人次突破8000万,同时出境游和国内长线游的业务规模均已进入行业前三名。

　　服务行业看起来并无大事,无论何种创新模式,都逃不出产品、价格和服务的持续提升。尤其是用户体验,它需要无休止地投入时间、精力和心思去打磨细节。

附件二 苏州市政府促进电子商务发展的部分政策举措

一、《关于促进电子商务加快发展的政策意见》

为深入推进国家电子商务示范城市创建工作,加快实现电子商务重点领域应用突破和创新发展,更好地促进和服务全市经济转型、产业升级,根据省政府办公厅《关于加快电子商务发展的意见》(苏政办发〔2014〕60号)要求,结合我市实际,特制定以下政策意见。

(一)促进电子商务应用发展

1. 对首次加入我市"国家跨境电子商务试点""内外贸一体化网上销售"电子商务平台开展网络营销活动的实体企业,签订2年以上服务协议,前两年按平台2年服务费用的100%给予应用企业一次性补贴,第三年按平台服务费用的50%给予一次性补贴。

2. 电子商务应用企业当年网上销售超过2000万元,且年销售增幅在100%、200%、300%的,分别给予10万、20万、30万元的一次性规模提升奖励。

(二)促进电子商务平台发展

3. 对以产业集群、商品市场、综合商圈(街区)和工业、农业、内外贸、旅游等实体为依托建立的行业型、特色型和专业型电子商务公共服务平台,且平台服务企业达50家以上,年交易额超过3000万元的项目,给予平台建设方设备投资额10%的一次性补贴(最高金额不超过100万元)。

4. 对在本市注册、财务独立核算的第三方电商交易平台(不含大宗生产资料电商平台),年服务费收入超过100万元,且交易用户首次突破1万户、5万户、10万户的,分别给予10万元、20万元(含前档)、50万元奖励(含前档)。

5. 对在本市注册、财务独立核算的大宗生产资料电商平台,年交易额首次达到500亿元、800亿元、1000亿元的,分别给予50万元、100万元(含前档)、200万元奖励(含前档)。

6. 对注册地和结算地在我市,取得中国人民银行颁发的"支付业务许可证",获准办理互联网支付业务的第三方支付平台,给予200万元一次性奖励。年网上交易支付额首次突破10亿元,当年给予50万元的奖励;后续每年按增长业绩,每同比增长20%奖励10万元,当年最高奖额为100万元。

(三)促进电子商务集聚发展

7. 对于电子商务产业园区使用建筑面积超过1.5万平方米,统一物业管理,具备电子商务企业运营所需的配套服务设施,且入驻的电子商务经营企业达30家以上的,给予园区主办方一次性补贴50万元。

8. 对于电子商务产业园区当年新建数据中心(IDC)、公共呼叫中心、电子商务企业融资服务中心、"一站式"代办服务系统,以及专业配套等公共服务类项目,给予园区建设方实际设备投资额20%的一次性补贴,单个项目最高不超过50万元。

(四)促进跨境电子商务发展

9. 鼓励境内外电商企业在苏州国家跨境贸易电子商务服务试点项目区内(跨境电子商务产业园)投资新设电商企业,对建设销售运营或结算中心,给予其实际设备投资额10%的一次性补贴(最高金额不超过100万元)。

10. 对本市跨境贸易电子商务交易平台年销售额首次超1亿美元、3亿美元、5亿美元的,分别给予平台建设方50万元、100万元(含前档)、200万元人民币奖励(含前档)。

（五）促进电子商务创新发展

11. 对本市电子商务代理(外包)企业,年代理服务费收入首次超过100万元、300万元、500万元的,分别给予代理(外包)企业10万、30万(含前档)、50万元的规模提升奖励(含前档)。

12. 引进、设立和经认定为总部企业的,按照《市政府印发关于进一步加快总部经济发展的若干政策意见的通知》(苏府规字〔2012〕2号),享受相应补贴或奖励。

13. 新评为中国驰名商标、江苏省著名商标的企业,按照《市政府印发关于实施商标战略、建设品牌强市的实施意见的通知》(苏府〔2009〕177号),享受相应奖励。拟上市企业,按照《市政府批转市金融办关于进一步推进企业上市工作的意见的通知》(苏府〔2011〕101号),享受相应补贴或奖励。

（六）促进电子商务行业发展

14. 支持行业协会、有资质的社会培训机构或高职院校开展电子商务紧缺人才培训。对用人单位组织输送在职员工(签订劳动合同、交纳社保)参加在本市举办的电子商务紧缺人才培训的,按企业实际缴纳培训费用50%的标准予以补助。

15. 鼓励企业开展电子商务标准化试点(示范)项目建设和标准规范的制定实施。对于新通过国家、省电子商务标准化试点(示范)项目的单位,当年一次性分别给予30万元、10万元的奖励。

16. 对获得苏州市政府授予"电子商务示范企业""电子商务示范基地""电子商务示范村"称号的单位,分别给予10万元的一次性奖励。

17. 在本市举办的高水平电子商务领域专题会议、专业展会,承办机构可以向市政府申请专项经费支持。

18. 通过政府购买服务方式,支持电子商务协会及相关咨询服务机构开展专项课题调研。

（七）附则

19. 本意见适用于苏州市区内注册、具有独立法人资格、经营电子商务或是为国内外企业和个人提供电子商务服务的企业和社会团体等单位。

20. 本意见所需资金按现行财政体制分级承担。其中,姑苏区由市级财政全额承担;其他区由市级财政承担40%。

21. 本意见与市政府制定的其他政策不重复享受(专项资金支持的同一项目内容),且一个单位当年只能申报一项内容。

22. 本意见自2015年1月1日起施行,有效期至2017年12月31日。原《市政府印发关于促进电子商务发展的若干政策意见的通知》(苏府〔2012〕236号)同时废止。

23. 本意见由市商务局、市财政局负责解释。

二、《昆山市关于进一步促进服务业发展的若干意见（试行）》

昆山开发区、昆山高新区、花桥经济开发区、旅游度假区党工委和管委会,各镇党委和政府,市各部委办局,各人民团体,各直属单位:

为推动服务业重点领域发展,培育、壮大服务经济,加快全市经济转型升级,提升城市综合竞争力,特制定本意见。

（一）促进金融服务业加速发展

为加快完善金融服务体系,鼓励国（境）内外金融机构和企业来昆设立法人金融机构、区域性分支机构和创新型金融机构,促进本市金融服务业加速发展,全力支撑经济结构调整和转型升级,提高金融服务业占地区生产总值比重和对全市经济社会发展贡献度。

本意见所称法人金融机构,是指经国家金融监管部门批准,在昆山注册成立的具有法人资格的银行、证券、期货、保险类经营性金融机构。

本意见所称区域性分支机构是指上述机构在昆山设立的分(支)行(公司)。

本意见所称创新型金融机构是指经国家金融监管部门、相关职能部门批准,在昆山注册成立的具有法人资格的银行业持牌专营机构,证券及期货业持牌公司,保险业持牌专业机构,融资租赁、商业保理、非金融支付服务机构及金融配套服务机构等。

1. 落户奖励

(1)法人金融机构:实收资本在1亿元以上(含)的,奖励100万元;实收资本超过1亿元的部分,每增加1亿元增加100万元的奖励。实收资本在10亿元以上(含)的,超过部分每增加1亿元增加200万元的奖励。奖励最高限额2000万元。

(2)区域性分支机构:对银行、证券、期货、保险类金融机构新设的分行(公司),一次性奖励100万元。对金融机构升格分行(公司)、新设支行(公司)和代表处,一次性奖励50万元。

(3)创新型金融机构:实收资本在3000万元以上、1亿元以下的,按实收资本的1%给予奖励;超过1亿元的部分,每增加1亿元增加100万元的奖励。奖励最高限额1000万元。

法人金融机构、区域性分支机构、创新型金融机构落户奖励分5年支付,第1年支付20%,后4年根据企业经营绩效分期支付。

2. 办公用房补助

(4)法人金融机构:在本市购买自用办公用房的,按每平方米1000元标准给予一次性补助,最高补助金额不超过500万元。租赁自用办公用房的,前3年按租金的30%给予补助,后2年按租金的15%给予补助。

(5) 创新型金融机构：在本市购买自用办公用房的,按购房价的3%给予一次性补助,最高不超过200万元。租赁自用办公用房的,3年内按在职职工人均面积不高于10平方米的标准,每年给予30%的租金补助。

办公用房补助中实际租赁价格高于房屋租金市场指导价的,按市场指导价计算租房补助；低于房屋租金市场指导价的,按其实际租金为基准计算租房补助。享受补助期间的办公用房,法人金融机构和创新型金融机构须承诺不转租。

3. 经营贡献奖励

(6) 法人金融机构和创新型金融机构,自开业年度起,根据该机构的增加值规模、对地方经济的贡献,给予相应奖励。对本市金融服务业发展有特殊贡献的金融服务业法人机构,经市政府批准可按照"一事一议"原则享受相关奖励措施。

(二) 鼓励总部经济集聚发展

鼓励支持境内外企业在本市设立对其控股企业或分支机构行使综合管理或销售结算等专项职能的总部机构,对经认定的总部企业给予扶持。

1. 新设立总部企业开办补助

在本市注册设立,经认定的总部企业,分A、B、C三类,分别按实收资本的3%、2%、1%给予一次性开办补助,补助金额最高不超过6000万元。开办补助分5年支付,每年支付20%。企业实收资本分期到账的,每年按实际到账资本进行计算和补差。

2. 新设立总部企业办公用房补助

新设立总部企业本部租用自用办公用房,按租金市场指导价的40%一次性给予12个月的租金补助。新设立总部企业本部新建或购置自用办公房产,按购建房屋成本的3%给予一次性补助。办公用房确认时点以企业认定当月为准。每家总部企业享受的办公用房补助最高累计不超过500万元。办公用房面积和租金市场指导价由总部经济主管部门核定。

3. 总部企业经营贡献奖励

经认定的新设立总部企业,自通过正式认定年度起,在企业经济效益同步增长的条件下,前3年营业收入每超1亿元,奖励40万元;后3年营业收入每超1亿元,奖励20万元。

经认定的本地现有总部企业,5年内,在企业经济效益同步增长的条件下,营业收入每超1亿元奖励20万元。

单个企业年度经营贡献奖励不超过500万元。

4. 其他

现有企业增资后符合条件,经认定为新设立总部企业的,可在明确计算依据后按上述1.2.3.享受新设立总部企业鼓励政策。其中:开办补助的计算依据为增资部分;办公用房补助的计算依据为增资后需新增的办公用房。经营贡献奖励的计算需扣除基数,基数为前3年营业收入的最高额。

预认定总部企业在通过预认定后,可先兑现新设立总部企业开办补助的首期20%。开办补助剩余部分、办公用房补助、经营贡献奖励待通过正式认定后,一并兑现或补发。

(三)推动现代物流业提升发展

鼓励通过整合物流设施资源、推进物流技术创新、拓展物流增值服务等手段,不断提升物流企业发展水平,加快把我市打造成为长三角地区重要的现代物流基地。

(1)鼓励物流企业加快产出。以物流企业上年度业绩贡献为基数,按其增长部分的30%给予奖励;对一般纳税人的交通运输企业,以上年度业绩贡献为基数,按其增长部分的40%给予奖励。

(2)鼓励物流企业做大做强。对企业当年度营业收入首超

3000万元的,奖励10万元;首超5000万元的,奖励20万元;首超1亿元的,奖励40万元;首超2亿元的,奖励80万元;首超3亿元的,奖励120万元;首超5亿元的,奖励200万元。

(3) 鼓励物流企业创建品牌。按照国家《物流企业分类与评估指标》标准,对当年评为国家AAA、AAAA和AAAAA的物流企业分别给予一次性20万元、30万元和50万元奖励。已获奖励的A级企业取得更高级别认证的,采取补差奖励。

(4) 鼓励物流企业争创省级以上荣誉称号。对新获得省级重点物流基地、省级重点物流企业、省级物流示范企业称号的企业,分别给予30万元、20万元、10万元一次性奖励。

(5) 鼓励物流企业信息化改造。对企业采用物流信息管理系统等先进物流技术的,按技术项目投资总额的20%给予补助,最高补助30万元。鼓励区域间物流平台的信息共享,支持有条件的物流企业建设物流公共信息技术服务平台,按平台建设投资总额的30%给予补助,最高补助100万元。

(6) 鼓励物流企业扩大经营规模。物流企业为扩大经营规模新建、扩建、改建生产性用房,涉及行政性收费项目的予以减免,服务性收费项目的予以减半收取。

(7) 鼓励物流企业提高营运能力。对物流企业当年新增专业化运输车辆(厢式车、集装箱车、冷藏车、罐式车、牵引车等)的,按车辆购置费用的5%进行补助。

(四) 扶持电子商务快速发展

鼓励电子商务快速、健康、持续发展,对在本市注册设立、具有独立法人资格、主营业务是为国(境)内外企业和个人提供电子商务服务的企业给予扶持。

(1) 扶持传统企业应用电子商务。本市传统企业成立独立的电子商务法人单位,借助第三方电子商务平台开展网络销售,在其支付服务费用正常运营2年后,B2B年销售额超过1000万元或 B2C 年销售额超过 300 万元的,对年平台服务费超过 10 万元企业按平台 2 年服务费用的 30% 给予一次性补助,其中 B2B 企业根据网上销售额限补助前 20 名,每家企业最高补助金额不超过 10 万元。

（2）鼓励电子商务企业做大做强。对重点电子商务企业,年销售收入首次超过 50 亿元、100 亿元、200 亿元的,经项目评审分别给予 100 万元、300 万元、500 万元奖励。对其他电子商务企业,B2B 年销售额首次超过 5000 万元或 B2C 年销售额首次超过 1000 万元,且 2 年平均同比增长超过 100%、200%、300% 的,分别给予 5 万元、10 万元、20 万元的一次性规模提升奖励。

（3）鼓励建立电子商务服务平台。对平台建设进行补助,本市电子商务服务平台,入网企业数 200 家以上,年网上交易额超过 5000 万元的项目,按平台建设软硬件总投资额的 30% 给予一次性补助,每家补助最高不超过 50 万元。对平台拓展进行奖励,本市第三方电子商务平台交易用户服务费收入首次超过 2000 万元、1 亿元、3 亿元的,分别给予企业 30 万元、50 万元、100 万元的平台拓展奖励。

（4）对获得国家、省、苏州市电子商务示范基地、示范企业的单位,分别给予 100 万元、50 万元、20 万元的一次性奖励。

（5）鼓励跨境贸易电子商务发展。吸引跨境贸易电子商务平台落户本市,对注册在本市的跨境贸易电子商务平台经营主体,年网上交易额达到 1000 万美元的,按其实际投资额的 30% 给予一次性补助,每家补助最高不超过 100 万元。

（五）积极推动制造业企业分离发展服务业

鼓励制造业企业分离发展服务业,进一步细化产业分工,推动产业结构优化升级,促进先进制造业与服务业有机融合、互动发展,提高专业化服务水平。

（1）对新分离设立服务业企业按实收资本给予开办补助。

本意见实施后在本市注册设立并经认定,实收资本1000万元以上的,按实收资本给予1%补助,金额最高不超过500万元,分3年到位。

（2）2014年起,分离后新设立的服务业企业,年营业收入首次突破200万元的,给予5万元一次性奖励;年营业收入首次突破500万元的,给予10万元一次性奖励;年营业收入首次突破1000万元的,给予20万元一次性奖励。

（3）支持制造业企业分离后新设立的服务业企业利用工业厂房、仓储用房、传统商业街等存量房产、土地资源发展服务业,不涉及重新开发建设且无须转让房屋产权和土地使用权的,经有权部门审核同意,土地用途和使用权人可暂不变更,暂不征收原产权单位土地年租金或土地收益。需要新供地的,给予优先安排。

（4）对制造业企业分离后新设立的实行查账征收的科技服务业企业,为开发新技术、新产品、新工艺发生的、符合条件的研究开发费用,未形成无形资产计入当期损益的,在按照规定据实扣除的基础上,按照研究开发费用的50%加计扣除;形成无形资产的,按照无形资产成本的150%摊销。

（六）大力扶持服务业载体和项目建设

（1）支持服务业重点项目建设。根据服务业发展趋势和导向,扶持重点领域、新兴领域的带动性强、发展前景好,且符合服务业布局规划要求的重点项目,根据项目实际完成投资额,给予一次性不超过200万元的补助。

（2）鼓励服务业载体创建品牌。新获得国家、省有关部门批准的服务业集聚区、试点园区等称号的,根据其公共服务平台建设投资额分别给予50%、30%补助,最高补助额分别为200万元、100万元。

（3）鼓励向上争取政策扶持。对获得国家、省服务业专项资金扶持的项目,给予一定资金配套;对上级政策文件明确要支持的项目,按照要求给予相应的补助。

(七)附则

本意见适用于在昆山市域范围内依法注册设立、具有独立法人资格的服务业企业和区域性分支机构,相关各类企业的认定和管理办法由市发改委另行制定。

本意见所确定的各项奖补资金,除企业落户(开办)及品牌奖励资金由市财政负担外,其余各项由市、区(镇)按现行财政体制分别承担。

本意见由昆山市发展和改革委员会负责解释并组织实施。昆山市原有相关政策意见同时废止。

本意见自2014年1月1日起试行,试行期2年。

三、《太仓市商务发展专项引导资金使用管理办法》

为积极适应经济发展新常态,推动商务经济稳中求进、创新发展,根据国务院《关于清理规范税收等优惠政策的通知》(国发〔2014〕62号)、《关于促进服务外包产业加快发展的意见》(国发〔2014〕67号)、《关于促进内贸流通健康发展的若干意见》(国办发〔2014〕51号)以及苏州市《关于促进苏州市服务外包跨越发展的若干政策》(苏府〔2014〕147号)、《关于促进电子商务加快发展的政策意见》(苏府〔2015〕40号)等文件精神,结合太仓实际,特制定本管理办法。

(一)整合市服务外包发展专项资金,设立太仓市商务发展专项引导资金,着力促进服务外包产业跨越发展,推动电子商务产业快速发展,支持商贸流通业创新发展。扶持资金采用无偿奖励和有偿股权投资的方式支持企业发展。

(二)专项资金的使用管理由市财政局和市商务局共同负责。市财政局负责专项资金的年度预算安排拨付管理,对专项资金使用情况进行监督检查；市商务局负责全市开放型经济和商贸流通业的协调推进,确定年度专项资金的使用方向重点,负责专项资金项目的申报初审,并会同市财政局组织专项资金项目的审核、绩效考核和总结。

第一章　促进服务外包产业跨越式发展

（三）可享受本鼓励政策的服务外包企业须具备以下条件：

（1）具有企业法人资格,且注册、销售、纳税、业务统计在太仓市内；

（2）企业年服务外包业务收入达到500万元以上,或者企业年服务外包业务收入达50万美元且离岸外包收入占50%以上；

（3）企业服务外包业务收入占本企业当年总收入的50%以上；

（4）具有大专毕业以上学历的员工占企业员工总数的50%以上；

（5）年度纳税总额10万元以上；

（6）近两年无违法违规行为。

（四）对服务于服务外包产业的公共技术服务平台,并经科技等主管部门认定的,由市财政按国家级、省级、苏州市级、太仓市级分别给予公共技术服务平台建设单位100万元、50万元、30万元、10万元的资金扶持。

（五）对于服务外包企业当年通过开发能力成熟度模型集成（CMMI）认证和开发能力成熟度模型（CMM）认证的,按三级、四级、五级分别给予30万元、40万元、50万元的补助。认证升级的企业每升一级给予10万元补助。通过国际实验动物评估和认可委员会认证（AAALAC）和优良实验室规范（GLP）认证的,补助金额不超过20万元。对当年通过其他各类认证的,补助金额不超过10万元。

（六）对租用办公用房的服务外包企业，按人均入驻面积不超过 20 平方米的标准，由市、镇（区）财政对其房租按照两年免三年减半进行补贴，年补贴金额不超过 50 万元，市、镇（区）财政各承担 50%。若实际租赁价格高于房屋租金市场指导价，则按市场指导价计算租房补贴。

对各镇（区）引进的重点领域外包项目，可不受上述人均面积和年最高补贴金额的限制，补贴年限也可适当延长，但原则上免租时限不超过 5 年。多支出的费用可全部由所在镇（区）承担。

（七）省级服务外包人才培训基地培训的大专以上（含大专）学历学员，并与本市服务外包企业签订一年以上劳动合同的，每人补贴 2000 元（以缴纳社保为准）；苏州市级服务外包人才培训基地培训的中专以上学历学员，并与本市服务外包企业签订一年以上劳动合同的，每人补贴 1500 元（以缴纳社保为准）。

（八）对服务外包企业发生的国际通信专线费用给予 30% 的补贴，每年补贴金额不超过 30 万元。对于服务外包企业租用我市现有数据中心服务器所产生的费用给予 50% 的补贴，上限为每家企业每年 5 万元。

（九）对服务外包企业参加由市促进服务外包工作领导小组办公室推荐的境内外展会以及培训等发生的费用，给予 80% 的补助，每家企业每年最高补助 2 万元。

（十）鼓励服务外包企业承接离岸接包业务。对当年离岸执行额超过 100 万美元的服务外包企业，或者当年离岸执行额超过 50 万美元，且增幅在 20% 以上的服务外包企业，可按市外管局认可的离岸外包业务收汇额给予每美元奖励 0.1 元人民币。同一企业同时符合上述条件的，按就高不重复原则执行，最高奖励金额不超过 200 万元。

（十一）促进服务外包企业在岸离岸协调发展。对已与境内发包企业（非关联公司）签订中长期服务外包业务合同，并在商务部服务外包业务管理和统计系统中登录，拥有单笔合同500万元人民币以上的在岸合同，且一年内累计在岸执行额达到500万元人民币的服务外包企业，给予10万元奖励，每家企业奖励金额最多不超过30万元。

（十二）每两年开展一次太仓市服务外包示范园区和示范企业认定活动，对被认定为服务外包示范园区和示范企业的，分别给予10万元和5万元的资金奖励。

（十三）鼓励行政事业单位和企业在符合规定的条件下，将不涉及秘密的业务外包给专业外包企业，促进在岸服务外包的发展。

第二章 推动电子商务产业快速发展

（十四）可享受本规定鼓励政策的电子商务企业须具备以下条件：

（1）具有企业法人资格，且注册及销售、缴纳税收地在太仓市内；

（2）主营业务是应用电子商务或提供电子商务服务；

（3）年度纳税总额10万元以上；

（4）企业已按规定要求填报有关业务统计数据和信息；

（5）近两年无违法违规行为。

（十五）对电子商务应用企业发生的快递费给予20%的补贴，补贴年限为三年，单家企业该项补贴金额每年最高不超过30万元。

（十六）对租用办公用房的电子商务企业，按人均入驻面积不超过10平方米的标准，由市、镇（区）财政对其房租按照两年免三年减半进行补贴，年补贴金额不超过30万元，市、镇（区）财政各承担50%。若实际租赁价格高于房屋租金市场指导价，则按市场指导价计算租房补贴。

对各镇(区)引进的重点领域电商项目,可不受上述人均面积和年最高补贴金额的限制,补贴年限也可适当延长,但原则上免租时限不超过5年。多支出的费用可由所在镇(区)承担。

(十七)对借助第三方电子商务平台开展网络营销活动的实体企业,在其支付服务费用正常运营一年后,且B2B销售额超过3000万元,或B2C销售额超过1000万元,给予企业平台服务费用30%的补贴,每年最高不超过30万元。

(十八)对电子商务企业租用我市数据中心开展日常经营活动所发生的费用给予30%的扶持,每年最高不超过10万元。

(十九)对我市正式运行一年以上的电子商务服务平台,平台入驻商家数50家以上,且平台交易额超过3000万元,一次性给予企业平台建设实际投资额30%的补贴,最高不超过100万元。

(二十)传统企业分离成立独立的电子商务法人企业并运行一年以上的,给予一次性5万元的奖励。

(二十一)电子商务应用企业网络销售额3000万以上且同比增幅在30%以上的,一次性最高给予30万元奖励;网络销售额1亿以上且同比增幅在30%以上的,一次性最高给予50万元奖励;销售额5亿以上的,一次性最高给予100万元奖励。

(二十二)对于建筑面积超过1.5万平方米的电子商务产业园,实现统一物业管理,具备电子商务企业运营所需的配套服务设施,且入驻的电子商务经营企业达30家以上,给予园区主办方一次性补贴50万元。

对被认定为国家级、省级"电子商务示范企业""电子商务示范村"的单位分别给予30万、10万元奖励。

(二十三)经我市认定的电子商务培训机构培训的大专以上(含大专)学历学员,并与本市电子商务企业签订一年以上劳动合同的,每人补贴1500元(以缴纳社保为准);经我市认定的电子商务培训机构培训的中专以上学历学员,并与本市电子商务企业签订一年以上劳动合同的,每人补贴1000元(以缴纳社保为准)。

(二十四)对电子商务企业新录用的签订一年以上劳动合同并缴纳社保的本科以上学历员工,其发生的业务培训费给予50%补贴,补贴金额每人不超过3000元。

(二十五)对电子商务企业参加由业务主管部门指定的境内外展会以及培训等发生的费用,给予80%的补助,每家企业每年最高补助2万元。

第三章 支持商贸流通业创新发展

(二十六)积极开展现代流通综合试点,对完善我市贸易流通规则,规范流通市场环境,创新现代流通模式,给予支持。

支持在太仓市注册、纳税的零售、餐饮企业,符合我市商贸规划要求开设连锁直营店,每新开一家营业面积2000平方米以上的,给予10万奖励;对我市连锁品牌企业在本市开设社区直营连锁便利店的企业给予2至5万元奖励。

鼓励建立商贸流通行业协会规范促进商贸发展。对经批准设立的商贸流通行业协会,制定行业标准化经营和管理规范,明确协会章程,且对推动行业发展有显著积极作用的,经相关部门认定,一次性奖励5至10万元。

(二十七)鼓励和支持发展商贸物流。统筹农产品流通网络布局,继续推进"万村千乡"市场工程,完善农产品零售市场建设,当年新增1家镇、村连锁超市,给予1万元奖励;新增连锁农产品零售门店给予1万元奖励。

对列入市流通企业加工配送、冷链物流等设施建设或改造的重点项目,在项目建成投用后,按项目投资额银行贷款贴息补贴,单个项目金额最高不超过50万元。

（二十八）支持商贸流通企业打造特色品牌。对国家级特色品牌建设项目给予适当扶持，最高不超过50万元；对当年获得国家、省级、苏州市级"诚信经营"先进荣誉称号的市场、商场，分别给予10万元、5万元、2万元的奖励。

对新纳入肉菜流通追溯体系建设农贸市场（批发市场）、超市（产销对接）、团体消费节点企业的分别给予5万元、2万元、5千元补贴。对在当年肉菜流通追溯体系建设中评为优秀的农贸市场（批发市场）、超市（产销对接）、团体消费节点企业（各1家）分别给予5万元、2万元、5千元奖励。

对单用途商业预付卡规范管理前三名的优秀企业，分别给予5万元、3万元、2万元的一次性奖励。

对当年评定为中华餐饮名店、江苏餐饮名店、苏州餐饮名店的，分别给予8万元、4万元、2万元的一次性奖励。

对当年被评定为"中华老字号""江苏老字号"的企业，分别给予10万元、5万元的一次性奖励。

（二十九）大力发展便民惠民商贸业态与项目。支持家政服务、大众化早餐工程和社区商业等民生类商贸项目。

对新建（改造）达标的配餐中心，每家按项目投资额银行贷款贴息补贴，单个项目金额最高不超过10万元。对大众化品牌早餐连锁企业（已有20家以上规模的），每新增一家连锁门店给予1万元补贴。对社区商业必配便民商业业态，按相关规定给予补贴。

第四章　加快服务外包产业投资基金运作

（三十）服务外包产业投资基金重点支持移动互联网服务、数字内容和数字媒体开发、物联网解决方案、云计算和大数据服务、生物医药研发、供应链管理、电子商务等领域项目。

（三十一）基金扶持的企业需要具有以下条件：

（1）在太仓市范围内注册登记，具有良好的信誉和社会形

象,无违法违规记录或不良行为的企业;

(2) 重点支持我市鼓励发展的服务外包领域的业务占比大、业务增长较快、吸纳就业较多、发展前景较好的项目;

(3) 企业上年度主营业务收入不低于500万元,或近两年主营业务收入增长率平均不低于20%。

(三十二) 基金股权投资把握"参股不控股"的原则,可按不高于企业资本金的40%比例实施投资,每家企业原则上不超过1000万元,投资期限原则上3年,最长不超过5年。

(三十三) 服务外包产业投资基金委托太仓市科技创业投资有限公司负责管理,具体管理依照《太仓市产业投资基金管理暂行办法》执行。

附则

(三十四) 以上各项奖励,均按就高原则,不重复享受。本政策中涉及的规定与我市出台的其他优惠政策不重复享受,采取就高原则兑现。

原《关于促进服务外包产业加快发展若干政策实施细则》《关于对〈关于促进服务外包产业加快发展若干政策实施细则〉文件的补充说明》停止执行,以本政策为准。对原采取一事一议引进的企业,如仍在政策期内,继续执行原定政策。

(三十五) 本政策所涉及的税收总额特指增值税、营业税、企业所得税和个人所得税。房租按规定市、镇(区)各负担50%,其他涉及的各项奖励、补贴资金,没有特别规定的,一律由市级财政负担。

(三十六) 本政策在执行过程中遇到的具体问题由市商务局、市财政局共同负责解释。

(三十七) 本办法自2015年1月1日起实施。

四、《〈关于促进吴中商务转型升级的若干意见〉的实施细则》

第一章 总 则

第一条 为进一步加快商务领域科学发展,促进产业转型升级,根据吴中区《关于促进吴中区商务转型升级的若干意见》(以下简称《意见》)的精神,制定本实施细则。

第二条 申请服务外包相关项目(《意见》第二条至第五条)的企业,在次年3月底前开始申报;申请连锁经营、特色商业街区和社区商业示范社区相关项目(《意见》第六条和第七条)的企业,在当年11月底前开始申报;申请电子商务相关项目(《意见》第八条至第十二条)的企业,每半年度申报一次。具体申报时间以文件通知为准。申请《意见》列明的各类项目的企业,应在规定时间内,按要求向区商务局、区财政局报送申报材料,逾期不申报的,作弃权处理,不再补办。

第三条 申请企业必须符合如下条件:

1. 具有企业法人资格,且注册地及纳税地在吴中区内,企业近三年无违规违纪行为。

2. 外包企业必须按国家和省市规定要求,登录"商务部服务外包及软件出口信息管理系统"填报外包业务统计数据和信息,且大专以上学历员工数需占企业员工总数的50%以上。

3. 行业平台须为位列全国前十名或在苏州区域首建的行业平台且该平台的行业注册企业会员数占总注册企业会员数的65%以上。

第四条 如本实施细则在实施过程中发生与其他优惠交叉,按从高但不可重复的原则给予补贴。

第二章 企业申报

第五条 《意见》中所称国际服务外包是指服务外包企业

向境外客户提供信息技术外包服务(ITO)、业务流程外包服务(BPO)和技术性知识流程外包(KPO)等服务外包业务。服务外包业务的具体范围和类别,根据国家有关规定和江苏省服务外包业务发展的实际适时公开。

第六条 《意见》中所称电子商务企业指通过信息网络,以电子数据信息技术为主要手段实现经营活动的企业,主要分为销售型和服务型。如集产品展示、网上交易、在线支付等功能于一体的电子商务经营企业;利用第三方平台开展信息发布和在线交易的电子商务应用传统企业;为买卖双方提供网上交易平台的企业(第三方平台)和提供信用信息、数字认证、运营维护等配套服务的电子商务服务企业。

第七条 《意见》中第十一条所指利用第三方电子商务平台开拓网上交易,企业只能按一个平台申报。每年扶持不超过30家企业,优先支持在国内外知名电子商务平台或区内独立电子商务平台进行网上交易的企业;优先支持年度网上交易额超500万元的企业。

第三章 申报流程

第八条 区商务局会同区财政局下发申报通知,通知各镇(区、街道)及相关企业进行项目申报。

第九条 各相关企业按要求报送申请表及相关附件资料交区商务局、财政局,区商务局和区财政局对收到的材料进行初审,对部分初审项目进行实地考察、专家评审和联合评审。

第十条 对初审通过的项目形成汇总表,上报区政府审定后,由区财政局、商务局下达拨付资金文件,并由企业所在地财政部门拨付资金。

第四章 申报材料

第十一条 申请与服务外包业务额相关项目资金(《意见》第二条至第四条)的企业,需提供申请报告、吴中区商务转型升级专项资金申请表、营业执照复印件及其他相关材料复印件。

第十二条 申请服务外包认证相关项目资金(《意见》第五条)的企业,需提供申请报告、吴中区商务转型升级专项资金申请表、营业执照复印件、国际资质认证机构出具的认证费凭证及支付凭证复印件及其他相关材料复印件。

第十三条 申请与连锁经营相关项目资金(《意见》第六条)的企业,需提供申请报告、吴中区商务发展专项资金申请表、企业总店、分店的营业执照复印件。

第十四条 申请特色商业街区和社区商业示范社区项目资金(《意见》第七条)的单位,需提供申请报告、吴中区商务发展专项资金申请表、命名文件复印件。

第十五条 申请电子商务产业园相关项目资金(《意见》第八条)的企业,需提供申请报告、吴中区商务发展专项资金申请表、区政府同意设立电子商务产业园的批文和建设的相关资料、已入驻电子商务企业名册(提供经营情况和服务项目)及已签订入驻协议的电子商务企业营业执照、税务登记证复印件。

第十六条 申请电子商务产业园内相关关键共性技术研究、公共服务平台建设等项目资金(《意见》第九条)的企业,需提供申请报告、吴中区商务发展专项资金申请表、申报项目审计报告、项目核准或备案等证明文件、取得具有自主知识产权科技成果的相关证明材料(关键共性技术)、专职技术服务人员情况的相关证明材料。

第十七条 申请独立电子商务平台资金(《意见》第十条)的企业,需提供申请报告、吴中区商务发展专项资金申请表、主管部门核准文件复印件、申报项目审计报告、平台项目建设投资明细、平台注册用户数名册(注明企业经营范围)、平台年交易额证明材料、ICP备案证明复印件。

第十八条 申请利用第三方电子商务平台开展网上交易项

目资金(《意见》第十一条)的企业,需提供申请报告、吴中区商务发展专项资金申请表、企业与第三方电子商务平台签订的服务合同(协议)复印件和支付注册、服务费用单据复印件、当年度网上交易额证明、企业在第三方电子商务平台上的截图及网页地址。传统企业或专业市场分离成立独立的电子商务公司需提供项目可行性分析报告、申请项目审计报告、项目投入资金明细、分离企业最近一年的经营情况报告。

第十九条　申请以电子结算方式开展网上交易项目资金(《意见》第十二条)的企业,需提供申请报告、吴中区商务发展专项资金申请表、电子结算证明。

第二十条　所有申报材料编制目录统一用 A4 纸张装订成册;一式三份,涉及费用复印件均须加盖企业公章。

第二十一条　对《意见》所涉及专项资金的监督管理按照《吴中区区级财政专项资金管理办法》(吴政发〔2012〕10 号)执行。

第二十二条　本细则由区商务局会同区财政局负责解释。

第二十三条　本细则自发布之日起实施,试行至 2013 年 12 月 31 日。

参考文献

[1] 于佳宁."互联网+"的三个重要发展方向[J].物联网技术,2015(4).

[2] 安筱鹏.工业4.0：为什么？是什么？如何看？[J].中国信息化,2015(2).

[3] 福建省委党校与晋江市委党校联合课题组.发展跨境电子商务助推晋江经济转型升级[J].发展研究,2015(1).

[4] 孙思磊.普惠金融大幕开启[J].中国农村金融,2014(16).

[5] 沈子荣.P2P网络借贷发展现状、趋势及商业银行应对策略[J].河北金融,2015(3).

[6] 张建军,杨艳玲.我国农产品冷链物流发展现状及发展趋势研究[J].物流科技,2013(2).

[7] 国家外汇管理局.关于开展支付机构跨境外汇支付业务试点的通知[EB/OL].http：//www.fdi.gov.cn/1800000121_23_72092_0_7.html.

[8] 阿里研究院.县域峰会|农业部张合成：信息化是现代农业的制高点[EB/OL].http：//www.aliresearch.com/？m-cms-q-view-id-76666.html.

[9] 阿里研究院.图解：2012年度电子商务服务业报告

[EB/OL].http：//www.aliresearch.com/? m-cms-q-view-id-75182.html.

[10] 阿里研究中心.县域电子商务中的遂昌现象[EB/OL].http：//www.aliresearch.com/? m-cms-q-view-id-76750.html.

[11] 孙学文,包金龙.苏州现代农业的发展对策研究——基于信息化及电子商务视角[J].华东经济管理,2013(11).

[12] 江苏省人民政府.省政府关于加快互联网平台经济发展的指导意见[EB/OL].http：//www.jiangsu.gov.cn/jsgov/tj/bgt/201504/t20150416474051.html.

[13] 丁宏,梁洪基.互联网平台企业的竞争发展战略——基于双边市场理论[J].世界经济与政治论坛,2014(4).

[14] 杭州市人民政府.关于杭州市高层次人才、创新创业人才及团队引进培养工作的若干意见[EB/OL].http：//www.hangzhou.gov.cn/main/zwdt/ztzj2/hzrcxz/wj/T511422.shtml.

[15] 张军涛,黎洁岑.基于移动互联网产业集聚的城市创新能力比较研究[J].财经问题研究,2014(11).

[16] 同程公司简介[EB/OL].http：//www.ly.com/about/about17u/intro.html

[17] 2015年中国在线旅游网站服务综合水平排行榜TOP50榜单[EB/OL].http：//www.askci.com/news/data/2016/01/05/14346vm7r.shtml

[18] 郝凤苓.吴志祥：同程网求生记[J].21世纪商业评论,2014(9).

[19] 同程旅游吴志祥：一个民营企业家的成长史[EB/OL].http：//bschool.hexun.com/2015-11-07/180405485.html

[20] 同程旅游 2015 交了一份漂亮的"年报". http://www.ccidnet.com/2015/1203/10061247.shtml

[21] 周乃翔. 2015 苏州蓝皮书中国苏州发展报告[M]. 苏州:古吴轩出版社,2016.

后 记

《苏州电子商务发展报告(2014—2015)》项目于2015年上半年组织实施,至今日付梓,历时一年多。项目的完成,经历了项目目标、项目整体框架的确定到资料收集、调研组织、分析总结、报告撰写与讨论修改等多个阶段。在此之间,项目组全体成员对项目开展切入点、项目实施思路、项目调研组织及项目报告撰写均进行了反复多次的讨论、修改,最终确定了本报告的框架结构。在这个过程中,我们得到了苏州市商务局及相关部门的大力支持和悉心指导,每当我们的思路陷入迷惘之际,他们都会以推动苏州电子商务发展的战略眼光引领我们走出迷津,在此向他们表示万分的感谢!

本项目由苏州市商务局牵头,由苏州电子商务协会与苏州经贸职业技术学院电子商务与物流学院电子商务专业、苏州电子商务研发中心共同参与完成,项目组于2015年4月—10月期间对苏州"四市六区"的电子商务发展现状进行了全面调研和摸底。陈福明为项目首席专家,负责全报告整体框架的确定,冯俊龙、张志萍、徐金龙提供业务指导,刘桓(第一章)、杨大蓉(第二章)、凌守兴(第三章)、许应楠(第四章)、高志坚(附件一)、陈福明(附件二)共同执笔,薛瑾校对。本报告最终出版得到了江苏高校品牌专业建设工程项目(TAPP)的资助和苏州大学出版社的大力支持。在此,我们对所有指导、关心、支持的领导、专家和同志们表示衷心感谢!

项目组全体成员

2016年4月于苏州